AF330534

LE
BON-PASTEUR D'ANGERS

EN ÉGYPTE

L'ŒUVRE

DES ÉCOLES D'ORIENT

PAR

L. COSNIER

ANGERS

IMPRIMERIE LACHÈSE ET DOLBEAU

13, Chaussée Saint-Pierre, 13

1882

BON-PASTEUR D'ANGERS

EN ÉGYPTE

L'ŒUVRE DES ÉCOLES D'ORIENT

LE
BON-PASTEUR D'ANGERS

EN ÉGYPTE

L'ŒUVRE

DES ÉCOLES D'ORIENT

PAR

L. COSNIER

ANGERS

IMPRIMERIE LACHÈSE ET DOLBEAU

13, Chaussée Saint-Pierre, 13

—

1882

LE

BON-PASTEUR D'ANGERS

EN ÉGYPTE

L'ŒUVRE DES ÉCOLES D'ORIENT

La guerre est terminée et la pacification commence. Que de ruines à relever! que de blessures à guérir! Comme toujours, il faudra bien plus d'efforts pour réparer le mal qu'il n'en a fallu pour le produire. Pendant longtemps encore l'attention publique sera tournée vers les bords du Nil et du canal de Suez; nul n'ignore que ce beau pays, trait d'union entre l'Europe, l'Asie et l'Afrique, toujours envié par les nations de l'Occident, a vu et verra se dérouler les scènes principales du grand drame de la transformation de l'Orient.

Les graves événements qui se sont succédé en Egypte, avant la bataille de Tell-el-Kébir, donnaient lieu à des commentaires si différents et parfois si contradictoires qu'il est presque impossible, sans initiateur, d'y démêler la vérité. Comment découvrir quelque rayon lumineux à travers la multiplicité d'incidents difficiles à comprendre, même pour les habitants du pays qui en fut le théâtre? Cependant nos regards aiment toujours à se porter vers cette terre merveilleuse, arrosée du sang des grenadiers d'Aboukir comme du sang des chevaliers de la Massoure, où sont confondus, bien qu'à des siècles de distance, les souvenirs de saint Louis et de Joinville, de Desaix et de Kléber.

A qui appartenait-il de remplir le premier rôle dans cette contrée célèbre, devenue presque une colonie française? Notre gouvernement n'a pas su continuer la mission séculaire de protecteur des Chrétiens du Levant. Les instructions variables, et souvent même le défaut d'instructions à ses agents, ont contribué à embrouiller la situation générale. L'histoire des faits passés sur les bords du Nil, pendant six mois, de mars à septembre, est encore à écrire. Ce n'est pas dans des journaux multicolores qu'il faut l'étudier; mais on doit l'apprendre de la bouche de témoins éclairés, dignes de foi, qui ont vu, entendu, souffert, et qui savent rendre compte de leurs judicieuses impressions.

Nous avons été trop heureux de rencontrer un de ces véridiques témoins pour hésiter à faire profiter de cette bonne fortune les lecteurs avides de renseignements irrécusables, au double point de vue religieux et politique.

Les nouvelles sur les diverses institutions que le Bon-Pasteur a fondées en Egypte inquiétaient les nombreux amis de la communauté dont notre ville fut le berceau. On sait quelle prodigieuse expansion a prise cette grande œuvre, due aux libéralités du comte de la Potherie de Neuville ainsi qu'au génie bienfaisant de Mme Rose-Virginie Pelletier — en religion Marie de Sainte-Euphrasie — secondée par Mmes Cesbron de la Roche, de Couëspel et d'Andigné de Villequier.

Parmi les congrégations que le xixe siècle a vu éclore en si grand nombre, il n'en est peut-être aucune qui témoigne plus que le Bon-Pasteur des bénédictions de la Providence. La mère de M. de Neuville, décédée, en 1827, avait légué une somme pour fonder un asile de pénitentes à Angers. Cinq prêtres de la ville, M. Breton, curé de la cathédrale, M. Genneteau, curé de Saint-Joseph, M. Gruget, curé de la Trinité, M. Vincent, curé de Saint-Jacques et M. Bureau, curé de Saint-Laud, se concertèrent afin d'établir cette maison. Ce fut M. Breton que Mgr Montault délégua pour aller à Tours demander à la R. M. Sainte-Euphrasie de venir organiser le nouvel établissement. On lui donna, le 31 juillet 1829, le nom de Bon-Pasteur, en mémoire de l'ancien Bon-Pasteur d'avant la Révolution, rue Saint-Nicolas. La maison fut consacrée, sous le vocable de Notre-Dame-de-Charité du Bon-Pasteur d'Angers, en 1835, quand, au titre de supérieure, fut ajouté celui de générale, devenu nécessaire par la rapide création des succursales de Poitiers, Grenoble et Metz, création qui en faisait prévoir bien d'autres.

Mme Pelletier partit pour Angers le 29 mai 1829 et prit possession des bâtiments de Tournemine [1], à l'acquisition desquels avait été employé le legs de Mme de Neuville. Obligée de retourner à Tours afin d'y remplir des engagements envers son ancienne communauté, la jeune supérieure ne put revenir dans notre ville que le 31 mai 1831, pour diriger l'Ordre naissant qui n'avait fait que végéter pendant son absence.

Aussitôt après ce retour tant désiré, le monastère prit une nouvelle vie, mais au prix de quels sacrifices! C'était une époque des moins favorables aux fondations religieuses, un an seulement après la révolution de juillet et

[1] Tournemine était autrefois une closerie qui fut transformée, en 1757, par les frères Danton, en manufacture de toiles peintes. Contrairement à l'usage et par un heureux privilège, cette fois c'est l'usine qui est devenue monastère. Depuis 1831 l'enclos de Bel-Air et en 1856 l'ancienne abbaye de Saint-Nicolas y ont été ajoutés.

deux mois après le sac de l'archevêché de Paris. L'esprit voltairien régnait en maître, et les préjugés les plus absurdes étaient répandus contre les ordres monastiques. Dieu sait à quelles privations se résignèrent ces ouvrières de la première heure, quelles souffrances elles endurèrent, quels ravages la maladie et la mort firent dans leurs rangs. Souvent même elles manquèrent du strict nécessaire. Du pain noir, des légumes cuits à l'eau composaient la nourriture habituelle des religieuses. Elles se réjouissaient et remerciaient Dieu lorsque cette pénurie n'était ressentie que par elles; mais profonde était leur peine quand la disette atteignait leurs chères pénitentes; aussi prenaient-elles tous les moyens possibles pour adoucir les privations de leurs pauvres enfants.

C'était le renouvellement du martyre que les saints des premiers siècles de l'Eglise s'imposaient dans les solitudes du désert. Qui peut mesurer la glorieuse part de ces victimes volontaires dans l'épanouissement du christianisme? De même l'indigence inouïe des premières années du Bon-Pasteur a produit une merveilleuse floraison. Le grain de senevé, semé aux limites d'un faubourg, s'est transformé en un arbre immense dont les rameaux s'étendent jusqu'aux cinq parties du monde.

La maison-mère d'Angers, si humble dans ses commencements, a donné naissance à 140 monastères : 34 en France, 5 en Belgique, 3 en Hollande, 18 en Italie dont 2 à Rome, 11 en Allemagne, 4 en Autriche, 12 dans la Grande-Bretagne, 5 en Asie, 7 en Afrique, 26 dans l'Amérique du Nord, 11 dans l'Amérique du Sud, 1 en Espagne, 1 en Suisse, 1 en Portugal, 1 en Océanie.

La Maison d'Angers contient d'ordinaire onze cents personnes, en comprenant les religieuses, les novices, les pénitentes, les madeleines et les jeunes détenues confiées par l'autorité. A part les pensions allouées pour ces dernières, le produit du travail est à peu près le seul revenu de l'établissement, et ce travail ne nuit pas aux ouvrières du dehors, puisqu'il est presque exclusivement commandé pour l'exportation, cette branche si importante du commerce français, qui dépérirait si les couvents n'existaient plus.

C'est du noviciat d'Angers, de cette ruche inépuisable, que sont parties, dans toutes les directions, les trois mille religieuses qui forment aujourd'hui le personnel de l'Ordre éminemment angevin. Le sort de ces diverses fondations varie beaucoup. Il dépend des ressources que peut fournir le pays où elles sont établies. Toutes sont soutenues par la sympathie des populations, quelle que soit la différence de race ou de latitude. Souvent on est favorisé par des circonstances heureuses; d'autres fois, on est exposé aux privations des premiers jours. Alors on lutte avec espoir et courage, et l'on finit toujours par vaincre les grands obstacles, en restant fidèle au vœu de pauvreté comme à l'obéissance envers le Seigneur.

Après l'amour divin, le principal stimulant pour supporter vaillamment les épreuves dont se compose la vie d'une religieuse du Bon-Pasteur est le sentiment du bien accompli par la sainte communauté. Qui pourra jamais énumérer les âmes sauvées, apprécier la quantité de brebis égarées, qu'elle a ramenées au bercail. Depuis cinquante ans on n'évalue pas à moins de dix mille le nombre des pénitentes sorties de l'établissement d'Angers, sans compter celles qui obtiennent d'y rester; et, dans les colonies de la pieuse maison, combien de baptêmes, de rachats d'esclaves, de conversions! à combien d'enfants, de jeunes filles et même de mères de famille ont été distribués les bienfaits inappréciables de l'éducation chrétienne? Dieu seul en connaît le total qui s'accroît chaque jour.

C'est en 1845 que partit d'Angers, pour le Caire, le premier détachement de religieuses du Bon-Pasteur, sur les instances de Mgr Perpetuo Guasco, évêque d'Alexandrie. Elles n'emportaient à peu près rien, rien qu'une confiance absolue à la protection divine. Dans la vaste cité qui devint leur seconde patrie, on ne comptait alors que peu de catholiques, mais le prestige de la France était intact et les esprits généralement disposés en sa faveur, à l'exemple du victorieux Ibrahim-Pacha, qui régnait alors sur l'Egypte. Ses descendants suivirent cette tradition, et les largesses de bienfaiteurs de tous les groupes de la population permirent à nos pieuses compatriotes de développer rapidement leur fondation. Ismaïl-Bey, père du vice-roi actuel, leur donna un vaste terrain et une large subvention pour agrandir le monastère trop exigu ; son fils, Tewfick-Bey, les gratifia également de ses libéralités et leur témoigna en personne sa bienveillance. Il vint deux fois présider les distributions de prix à leur école. Elevé par un officier français, le capitaine Jaquelet, il parle très bien notre langue et conserve un bon souvenir de son séjour en France. Le khédive n'admet pas la polygamie. Il était accompagné dans ses visites par sa jeune femme, qui mourut du saisissement que lui causèrent les menaces proférées par les chefs de la révolte militaire. Cette princesse, que l'on nommait Altesse, avait un charme réel, et telle est la sympathie de la famille du vice-roi pour les religieuses françaises, que voulant leur en donner une preuve éclatante, une de ses sœurs leur confia l'éducation de sa nièce, la princesse Rosa, qu'elle regarde comme sa fille.

L'établissement que le Bon-Pasteur possède au Caire se compose de deux institutions : l'une, dans le centre de la cité, est consacrée à une école de quatre cents enfants, dont trois cents à titre gratuit ; l'autre est destinée à la jeunesse des classes supérieures. A Choubrah, à quatre kilomètres du Caire, non loin du Nil et des Pyramides, s'élève une villa, entourée de jardins plantés de palmiers et d'orangers. C'est là qu'étaient élevées naguère soixante-dix jeunes filles du pays, avec tous les soins et l'instruction qui distinguent les meilleurs pensionnats de Paris.

Le Bon-Pasteur avait aussi créé au Caire l'Œuvre des négresses qui consiste, en les délivrant de l'esclavage, à les élever à la dignité de chrétiennes. D'après un accord avec les Sœurs de Saint-Joseph de l'Apparition, qui desservent l'hôpital français de la ville, les religieuses du Bon-Pasteur leur ont cédé cette œuvre, mais elles continuent toujours d'accueillir les pauvres enfants de la race infortunée qui viennent implorer leur assistance. Le nombre des enfants et adultes, venant de la Nubie, du Soudan, de pays plus éloignés encore, que l'on a baptisées dans la maison, s'élève à des centaines que l'on ne peut préciser; beaucoup, maltraitées par les marchands d'esclaves, sont mortes entre les bras des religieuses, mais en leur laissant la consolation qu'elles allaient au Ciel avec l'innocence du baptême.

Le personnel de la maison de Choubrah était formé de 50 religieuses, 70 pensionnaires, 15 madeleines et 80 orphelines. Les classes de cet internat comme de l'externat de la ville, dirigé par dix religieuses, se composaient d'Européennes, de Maltaises, d'Égyptiennes, de Turques, de Grecques, d'Arméniennes, de Syriennes, d'Abyssiniennes, de Bethléméites, de Cophtes et d'Israélites. Les Sœurs enseignaient tous les jours le catéchisme en français, en italien, en maltais et en arabe.

La congrégation de Notre-Dame-de-Charité du Bon-Pasteur possède encore, aux deux extrémités du canal, un hôpital de soixante lits à Suez et un autre de quarante à Port-Saïd.

La maison de Suez, demandée par Mgr Pascal Vincie, évêque et délégué apostolique d'Égypte, a été fondée le 31 mai 1865. Elle est desservie par douze Sœurs et contenait, outre les malades, soixante-dix orphelines presque toutes pensionnaires. Ces enfants sont en général européennes, maltaises, grecques ou arabes.

La maison de Port-Saïd [1], sur la sollicitation de M. de Lesseps, a été fondée le 19 avril 1863. Inspiré par le génie qu'on ne peut lui refuser, l'illustre créateur du canal de Suez a pensé qu'une condition essentielle de succès pour une grande entreprise et surtout une œuvre civilisatrice est le sentiment religieux. Or qui le met mieux en pratique que les Sœurs de Charité? Les mêmes considérations qui viennent d'amener les filles de St-Vincent de Paul à Panama ont conduit les filles de la Mère Ste-Euphrasie à Port-Saïd. D'ailleurs M. de Lesseps ne s'est pas seulement montré le protecteur des Sœurs de Charité, il en est l'admirateur. Si l'on avait agréé son intervention toutes seraient restées en Égypte; il offrit, en insistant, de les garder sous sa responsabilité avec leurs orphelines et leurs malades; mais les agents du gouvernement français ne crurent pas devoir lui accorder cette autorisation.

Enfin, depuis 1868, à l'entrée orientale de la mer Rouge, aux confins de l'Arabie, sur la plage brûlante d'Aden, grâce à nos religieuses angevines, un asile de secours est ouvert aux voyageurs, ainsi qu'un dispensaire pour les indigents du pays et une école pour leurs enfants du sexe féminin. Voici quelques traits du tableau que trace de cette ville nouvelle un missionnaire, peintre fidèle, le P. Charmettant :

« Il n'existe pas, je pense, de paysage plus triste et plus sévère : c'est un énorme amoncellement de cendres, de noires scories et de roches brûlées. Sur ces flancs arides et escarpés pas un arbre, pas la moindre verdure ne permet aux yeux de se reposer; en haut, darde le plus ardent

---

[1] C'est à l'hôpital de Port-Saïd qu'à l'automne de l'année dernière, Mgr Gasnier, notre compatriote, fut débarqué mourant. Grâce aux soins qu'il y reçut, sa santé se rétablit contre tout espoir, et il put regagner Singapour, siège de son fécond épiscopat.

soleil de la création, que ne voile jamais le plus léger nuage. Tel est ce lieu, maudit de tous les voyageurs qui se rendent dans l'extrême Orient, telle est cette sorte d'enfer, qu'une tradition locale a la prétention d'offrir comme l'ancien Éden, devenu Aden par l'usage.

« Quelle ville horrible est Aden ! Dans toute l'étendue de ce sol surchauffé qui vous brûle les pieds, on ne voit aucune trace de vie végétale; je n'ai pu y découvrir un seul brin d'herbe. Partout la roche et la cendre. Pour boisson, on n'a que de l'eau de mer dessalée, car tout ce territoire ne renferme ni une source, ni un puits, ni une mare même fangeuse où l'homme et ses bestiaux puissent se désaltérer; il faut demander à l'Océan son onde amère et au ciel une rosée qui ne tombe jamais.

« Qui donc a pu déterminer des hommes raisonnables à se réunir, à se bâtir des habitations et à vivre dans cet affreux séjour?

« On me répond que là s'achètent, pour être expédiées au loin, toutes les productions de l'Arabie et même les produits si recherchés de l'Orient africain, car l'Abyssinie n'a pas encore de port ouvert aux navires européens, et c'est la raison qui a décidé les habitants d'Aden à venir s'y fixer.

« ..... *Quid non mortalia pectora cogis, auri sacra fames!* »

Assurément ce n'est pas la soif de l'or qui a conduit nos religieuses sur cette terre de malédiction. Elles se sont dit que là où il y a tant de souffrances, il doit y avoir beaucoup de bien à faire. Sans souci de leur faiblesse physique, armées seulement de cette sainte ardeur qui vient à bout des plus grands obstacles, les vaillantes femmes se sont rendues à cet affreux Aden, sachant bien que dans le champ du père de famille, nulle parcelle ne doit rester en friche, et que, plus le sol est ingrat, plus ceux qui le cultivent ont de mérite aux yeux du Seigneur.

On sera peut-être surpris d'apprendre que les diverses

colonies africaines du Bon-Pasteur soient affectées à des services que ne contient pas la maison d'Angers, tels que des hôpitaux; la règle n'a pas été changée pour les admettre; seulement là comme ailleurs, en fait de propagande, l'esprit est plus fort que la lettre. La charité chrétienne ne connaît point de limites. Quand il fut démontré à la Supérieure de l'Ordre que l'institution devait se prêter aux nécessités du pays où elle s'établissait, alors mais par exception, seulement pour Suez et Port-Saïd, l'obligation du cloître fut levée, et l'autorité pontificale s'empressa d'accorder les dispenses nécessaires à cette extension du champ de l'apostolat.

Ce n'est pas assez pour les saintes femmes qui représentent si dignement la France en Orient de fonder les œuvres que nous admirons autour de nous, elles s'ingénient à y ajouter des accessoires en rapport avec le climat et les besoins de leur terre d'adoption. Le moyen par lequel nos religieuses de divers ordres s'attirèrent une rapide popularité dans le Levant fut le *dispensaire*, particularité à laquelle nous avons fait allusion à propos d'Aden. A peine sait-on en Europe ce que c'est qu'un dispensaire pour les malades; mais, dans le Levant où l'utilité s'en fait sentir davantage on en apprécie depuis longtemps les services.

Figurez-vous une salle en dehors de l'hôpital proprement dit. Ici, libre accès est ouvert à tous, quels que soient la race, le sexe, l'âge. Vieillard courbé, enfants demi-nus, femme fellah [1] cachée sous un voile, Bédouins déguenillés, Turcs, Albanais, Grecs, nègres libres ou esclaves, viennent présenter à la fois tous les échantillons de la misère humaine dans un horrible pêle-mêle. Des plaies hideuses dont l'Orient a le privilège, la lèpre et

[1] Nom des paysans, des cultivateurs en Égypte.

autres maladies répugnantes, se joignent aux infirmités causées par l'âge ou les accidents.

La Sœur de Charité reçoit, le sourire aux lèvres, ces malheureux souvent plus dégradés au moral qu'ils ne le sont au physique par la misère et les maladies. Pour chacun elle a des mots affectueux et des soins empressés; d'une main délicate elle enlève un bandage, applique un remède, choisissant à propos celui qui soulagera. De sa parole et du regard elle encourage et réconforte ceux qui souffrent. Son calme, sa sérénité joyeuse, dont cependant ils ne savent pas le secret, se reflètent dans leur âme; et s'ils viennent à lui demander pourquoi libre de l'éviter, elle est venue exprès faire alliance avec la souffrance et s'unir avec elle dans ce commerce intime et quotidien, elle saisira avec empressement l'occasion de leur parler de la foi, du courage qu'elle donne pour endurer les maux de la vie; des espérances qu'elle fait briller au delà de la mort. Beaucoup, gagnés en même temps par cette douce prédication et par l'exemple, ont demandé d'eux-mêmes à devenir chrétiens, et c'est ainsi que bien souvent en s'occupant de guérir les corps on guérit aussi les âmes.

Le dispensaire fut donc l'œuvre de début des congrégations françaises en Égypte, comme dans les autres contrées de l'Orient. Puis vint l'œuvre des écoles dont le succès ne fut pas moins rapide. L'école, en effet, répond au besoin pressant et impérieux des populations qui tendent à s'élever au niveau de la civilisation européenne. C'est par l'école que l'on parviendra à les convertir et à faire disparaître leurs préjugés méfiants contre les prédications catholiques.

En employant le titre si bien mérité de Sœur de Charité, nous l'appliquons à toutes les saintes femmes qui desservent les cent établissements, et plus, élevés depuis cinquante ans sur le littoral de la Méditerranée, d'Alexandrie à Constantinople. L'habit peut différer chez nos Françaises missionnaires, mais l'esprit et le cœur sont les mêmes. La bonne grâce, le courage et le dévouement que les Filles de Saint-Vincent montrent à Damas et à Beyrouth distinguent également les Sœurs de la Présentation à Mossoul et à Bagdad, les Franciscaines à Ismaïlia, les Sœurs de Saint-Joseph au Caire, les religieuses du Bon-Pasteur à Suez, Aden et Port-Saïd. Qui raconte les traits d'héroïsme des unes écrit l'histoire de toutes.

Les Frères des Écoles chrétiennes, qui font aujourd'hui merveille en Orient, eurent plus de peine à s'y établir. Il leur a fallu redoubler d'efforts, de prudence et de mérites pour calmer les défiances des populations musulmanes, toujours disposées à confondre le prosélytisme religieux avec la pensée de domination politique. Du côté des femmes une telle crainte était moins justifiée. Les religieuses, avec leur bonté, leur douceur, leur sollicitude pour toutes les misères qu'elles rencontrent, ne purent éveiller d'autre sentiment que celui d'une admiration qui allait jusqu'à la stupeur. Le contraste avec la nullité des femmes d'Orient ajoutait encore à leur prestige.

Les Levantins ne comprenaient rien à une conduite si différente de ce qu'ils étaient habitués à voir. Dans leur imagination fertile en merveilles, ils assimilaient les Sœurs aux êtres surnaturels de leurs légendes. Etaient-elles des femmes véritables ou des êtres d'une espèce nouvelle? Ils n'auraient su le dire. Un Musulman demanda un jour à l'une d'elles si elle était descendue du Ciel dans le costume où il la voyait. Il n'est pas jusqu'au Sultan, quand il visita l'Égypte, qui n'ait donné aux Sœurs son témoignage d'estime. « Priez pour nos enfants, leur dit-il, car il n'est pas possible que la prière de femmes qui font tant de bien ne soit pas agréable à Dieu. » Tout dernièrement encore [1] des religieuses missionnaires, débarquées à

---

[1] Voir le journal le *Français*, 21 avril 1882.

Alexandrie, y furent l'objet d'une véritable ovation de la part de toute la ville. Cet accueil inattendu, qui coïncidait justement avec les scènes d'expulsion des couvents de France, émut grandement les voyageuses.

C'est grâce à cette popularité, gagnée à force de vertus, que nos pieuses communautés maintiennent en Orient l'honneur du nom français, compromis par les défaites de l'Empire et les fautes de la République. C'est grâce à la sympathie qu'elles inspirent que nos établissements de charité luttent avec avantage contre la concurrence passionément jalouse des sectes anglaises, allemandes, russes, américaines. Nos rivales répandent à pleines mains des trésors pour nous enlever la préférence dont elles sont envieuses, tandis que nos communautés ne vivent que de secours précaires, de modestes allocations, disséminées par la *Propagation de la Foi* et l'œuvre des *Écoles d'Orient*. Heureux lorsque les consuls qui, en arrivant à leur poste, comprennent, en dépit de leurs vues particulières, que le protectorat des catholiques est le seul moyen de lutter contre cette ligue formidable, heureux lorsqu'ils peuvent obtenir quelque mince allocation de la timidité de notre gouvernement. Hâtons-nous d'ajouter que nos Sœurs et nos Frères ont pour sauvegarde une protection plus efficace que celle des puissances de la terre ; ils ont l'amour du Christ et de la sainte Vierge, ils ont les lumières de la vérité, vers laquelle les infidèles s'inclinent, sans même s'en rendre compte, préférablement à toutes les obsessions des cultes dissidents.

Ce fut au milieu d'une sécurité qu'on peut dire prospère, car les soucis d'entretien matériel disparaissaient sous la multitude des bienfaits, que les colonies du Bon-Pasteur, répandues en Egypte, se trouvèrent soudain menacées par le contre-coup des événements d'Alexandrie.

Notre premier dessein était de tâcher de reproduire fidèlement les détails que nous tenions de la bouche même de

Mme la Supérieure des fondations du Caire ; à la réflexion, nous préférâmes copier les notes qu'elle a bien voulu nous confier sur les incidents de son départ de Choubrah. Comment égaler, même avec une plume plus experte que la nôtre, l'intérêt de ce simple récit tout imprégné de tendre piété, d'amour de Dieu, d'esprit de sacrifice, de ces vertus généreuses que l'on respire à l'ombre du cloître.

« Les massacres d'Alexandrie du 11 juin jetèrent l'effroi dans toute l'Égypte. Dès ce jour, les Européens levantins et une foule d'indigènes se précipitèrent vers les ports, pour s'enfuir sur les bateaux à vapeur. C'était comme l'*Exode* des chrétiens fuyant la barbarie musulmane. .

« Dès la fin de juin, nos pensionnaires, au nombre de cinquante-neuf, avaient été remises à leurs parents, il ne nous en restait plus que onze. De l'externat de la ville sur quatre cents enfants, une seule, faute d'asile, avait été réunie à nos orphelines. La terreur était extrême, et ce n'était pas sans raison, car la grande et superbe ville était menacée à la fois de massacre, du feu et de la famine.

« Le 7 juillet, la situation devint si périlleuse que le consul de France au Caire envoya un janissaire pour nous dire qu'une dépêche du consul général lui intimait l'ordre de partir sans délai avec le reste de nos compatriotes.

« Jusqu'alors, tout en étant alarmées, nous avions espéré, offrant nos sacrifices et nos prières, que le bon Dieu daignerait nous laisser dans notre chère maison ; mais ce jour-là, il fallut bien commencer la séparation. Quel déchirement ! Il est impossible de le décrire... A deux heures de l'après-midi eut lieu le départ de la première section de nos sœurs, qui revinrent en France sur un bateau anglais. A six heures, le soir du même jour, on procéda, le cœur brisé, au départ du deuxième groupe. Il fallut arracher nos sœurs de leurs travaux. Elles ne voulaient pas quitter leur mission. Le visage baigné de larmes, elles suppliaient qu'on les y laissât. Le départ était si précipité qu'on n'avait pas le temps de rien emporter ni même de se dire adieu.

« Nos Sœurs, arrivées à Alexandrie à onze heures de la nuit, reçurent chez les Filles de la Charité, à l'hôpital européen, l'accueil le plus cordial et le plus touchant. Elles s'embarquèrent sur le *Saïd* à quatre heures de l'après-midi. Des multitudes affolées se précipitaient dans ce navire qui porta jusqu'à 1,600 personnes ; aussi le commandant n'acceptait aucun bagage. Nos sœurs étaient entassées dans l'entrepont au-dessus de la cale ; on ne pouvait pas même supporter de tente à cause de l'excès de la chaleur.

« Le dimanche 7 juillet, nos exilées du *Saïd* allèrent entendre la messe sur la frégate de l'amiral Conrad qui les avait invitées à y assister le samedi soir. Des canots vinrent chercher les religieux et les religieuses. L'autel était dressé sur le pont, parfaitement décoré. Un prêtre breton célébrait l'office. Pendant la messe, la musique militaire exécutait des symphonies d'un caractère sacré.

« Le *Saïd* resta en rade d'Alexandrie jusqu'au mercredi matin, 12 juillet, et fut témoin du bombardement. Il était à 300 mètres de l'escadre anglaise. Ce fut un jour de grande douleur pour tous les cœurs français, car une foule de nos compatriotes avaient des établissements dans cette grande ville, naguère si animée et si florissante. Du pont du navire on voyait les apprêts formidables des Arabes pour résister au feu des Anglais qui commença le mardi 11 juillet, à sept heures du matin. Depuis ce moment jusqu'au soir nos sœurs ne cessèrent de prier.

« Le lendemain, de bonne heure, le *Saïd* appareilla se dirigeant sur Port-Saïd où il débarqua beaucoup de passagers. Il était en vue de Marseille le 20 juillet.

« Le 8 juillet partit du Caire la troisième section qui fut obligée de prendre la route de Port-Saïd par Ismaïlia, ne pouvant s'embarquer à Alexandrie à cause du bombardement qui se préparait. Les fugitives parvinrent à Port-Saïd le 9 à quatre heures du soir, et reçurent un fraternel accueil dans notre communauté de cette ville. Le 11, elles furent rejointes par une partie des Sœurs de notre maison de Suez, contraintes aussi de fuir. La Supérieure de Port-Saïd, avec un cœur bien généreux, les fournit de tout ce qu'elles n'avaient pu emporter. Toutes quittèrent Port-Saïd le 11 juillet pour s'embarquer sur le *Peï-Ho* venant de la Chine, et qui parvint à Marseille le 21 juillet.

« Pendant toute cette période, deux soldats de la cavalerie égyptienne, par ordre d'Arabi-Pacha, veillaient autour de notre maison où il restait encore beaucoup de monde, afin d'empêcher les Bédouins de nous maltraiter et de nous piller. Quand la situation devint plus critique, le préfet de police, Ibrahim-Pacha-Fauze, maintenu dans ses fonctions par Arabi, fit doubler la garde. Nous n'eûmes qu'à nous louer de sa sollicitude à notre égard. Très humain pour un Arabe, actif et capable, Ibrahim-Pacha protégeait également les autres établissements français de charité, au Caire, tels que l'hôpital tenu par les Sœurs de Saint-Joseph et les écoles des Frères.

« A la nouvelle du bombardement d'Alexandrie, l'exaspération des indigènes fut au comble, et l'on craignit de grands malheurs ; la fermeté du préfet de police et surtout la Providence, les conjurèrent. Au moment des plus vives émotions, dans l'attente de voir à chaque instant le monastère envahi par les Bédouins transportés de fureur, notre aumônier crut prudent de ne pas laisser le Saint-Sacrement dans la chapelle. Il le transporta dans un dortoir du deuxième étage qui était vide, celui des pensionnaires. C'est là que nous disions l'office ; mais la messe se célébrait à la chapelle.

« Enfin l'heure des plus grands sacrifices allait sonner. Le 14 juillet nous recevons une dépêche du comte Gloria, consul d'Italie, chargé de la protection des Français depuis le départ de notre consul. Il nous apprenait les massacres de Tantah, de Kafza-Zaïad, et nous assurait qu'il n'y avait de salut pour nous que dans la fuite. Un train spécial était préparé pour les Européens afin de les soustraire aux scènes sanglantes dont le Caire allait être victime, comme les autres villes.

« Ces nouvelles navrantes n'étaient que trop vraies. L'après-midi se passa à remettre les enfants à leurs parents ou à les placer dans des familles turques qui nous sont dévouées. Puis nous fîmes transporter à l'hôpital des Sœurs de Saint-Joseph nos malades, plusieurs bonnes vieilles, sous la conduite de deux de nos sœurs tourières qui demandèrent en grâce de rester pour continuer de leur donner des soins. Ce sont, avec les Sœurs de l'hôpital et les Frères des Écoles chrétiennes, à peu près les seuls Européens demeurés au Caire. Ah ! Dieu sait combien nous désirions, nous aussi, ne pas abandonner notre poste quoiqu'il fut encore plus exposé que les autres, Choubrah étant à près d'une lieue du Caire. Mais, malgré tous nos efforts pour mettre en sûreté nos orphelines, il nous en restait un bon nombre. Avais-je le droit de faire courir à ces pauvres enfants les dangers qui nous attendaient? Ce fut cette cruelle anxiété qui entraîna ma décision.

« Dans cette après-midi du 14 juillet, tandis que bien émues, nous ne manquâmes pas de dire nos vêpres, le Père Franciscain, notre aumônier, vint consommer les saintes espèces. Ce fut là notre plus grande douleur de n'avoir plus Notre-Seigneur avec nous. La dernière consolation nous était enlevée ; nous vîmes qu'il fallait partir.

« A neuf heures du soir arrivèrent quatre charrettes, et à minuit quatre voitures ; mais les autres se firent attendre ; on ne trouvait plus de chevaux.

« A trois heures du matin, tout le personnel de la maison était réuni dans la cour ; nous étions encore soixante-dix, enfants compris ; quel fut notre effroi en voyant pénétrer

2

par la grande porte une foule de Bédouins armés d'énormes bâtons, appelés *nabouts*, ayant des figures à faire frissonner. Nous nous jetâmes à genoux en faisant notre acte de contrition. M. l'aumônier nous donna une absolution générale dans ce moment suprême que nous crûmes bien être le dernier de notre vie.

« Les terribles envahisseurs nous considérèrent d'un air de stupéfaction, mais sans nous adresser une parole. Ils ne cherchèrent point à pénétrer dans les intérieurs, nous laissèrent passer et sortirent après nous en gardant un profond silence. Nous avons présumé qu'entrés dans notre maison, conduits par des meneurs à dessein sinistre, ils en furent détournés par d'autres qui nous reconnurent comme leur ayant rendu service à eux ou à leurs enfants.

« En jetant un dernier regard sur notre maison bien-aimée, il fallut enfin la quitter, la mort dans l'âme, en en laissant la garde à la très sainte Vierge, après avoir marqué toutes les portes et fenêtres d'un scapulaire du Cœur de Jésus [1]. La terreur était si grande et l'on était tellement convaincu que si l'on n'était pas massacré en route on serait au moins dévalisé, que nous n'osâmes pas emporter les vases de la chapelle dans la crainte qu'ils ne nous fussent enlevés. Bien que cachés soigneusement, ils sont à la merci des serviteurs arabes qui habitent seuls, aujourd'hui, le monastère. Puissent-ils ne pas être infidèles à leurs serments et à notre confiance !

« Pour nous rendre à la gare, qui est à deux kilomètres de Choubrah, on nous fit monter dans les charrettes ainsi que les enfants. Un soldat de la police égyptienne se tenait de chaque côté pour nous garder des Bédouins. La première charrette fut arrêtée par des soldats arabes qui, nous examinant à la lueur de lanternes, nous demandèrent s'il y avait des Anglaises parmi nous. — Elles ne passeraient

---

[1] Portant ces mots : Arrête ! Le Cœur de Jésus est là !!!

pas — assurèrent-ils, en faisant signe qu'ils leur coupe-
raient le cou. Sur notre réponse négative, ils nous laissèrent continuer.

« Arrivées à Kars-el-Nil, chemin détourné de la gare par
lequel on nous avait recommandé de passer, nous y fûmes
peu après rejointes par les autres émigrants, au nombre,
dit-on, de 800. C'était l'arrière-garde et la portion la plus
chrétienne de la population européenne qui avait tenu
jusqu'au dernier moment. On y voyait des Pères Jésuites,
des Franciscains et leurs orphelins, des Lazaristes, en tout
200 religieux ou religieuses. On nous fit entrer dans des
wagons découverts qui servent à transporter les bestiaux,
le charbon, etc. Mais le comte Gloria vint nous faire descendre en disant que ce n'était pas convenable pour des
femmes. Nous dûmes attendre trois heures dans le désert
de sable, en plein soleil d'Égypte, nous demandant ce qui
valait le mieux, ou de mourir sous les coups des Bédouins
ou sous les rayons de ce soleil dévorant. Le premier genre
de mort nous semblait plus doux que le dernier. Durant
cet arrêt forcé nous vîmes accourir une foule de Bédouins,
plus de mille, appartenant aux bandes qui avaient pris part
au carnage d'Alexandrie et de Tantah. Ils s'approchèrent
de nous ; mais le préfet de police était là ; il fit un signe à
des officiers qui, mettant le sabre à la main et suivis d'une
troupe de cavalerie, parvinrent à faire reculer les mal-
intentionnés.

« Enfin nous montâmes dans des wagons de troisième.
Tout le monde s'y précipitait, tant on avait peur de rester
en arrière. Nous étions soixante-douze dans un seul com-
partiment. Un soldat se tenait à chaque portière avec ordre
de faire feu en cas d'attaque, ce qui fut exécuté près de
Zagaziz, où les Bédouins, rangés en bataille, faisaient
montre de s'opposer à notre marche et de nous couper
en morceaux. Grâce à la courageuse attitude de nos défen-
seurs, le train passa outre.

« Il était nuit quand nous atteignîmes Ismaïlia, sans savoir où diriger nos pas. La foule des émigrants était si grande que nous avions peine à nous retrouver. Enfin nous apercevons une Sœur de Saint-François qui nous conduisit à sa communauté, bien hospitalière, mais bien exiguë ; elle pouvait, au plus, loger vingt personnes, et nous étions cent soixante, en y comprenant d'autres religieuses et les enfants que nous emmenions.

« Le consul français d'Ismaïlia, le bienveillant M. Echenne, craignant que cet entassement n'engendrât quelque épidémie, nous fit conduire au tribunal qui se trouvait vide. Nous y couchâmes sur le plancher, au deuxième étage. Le premier fût aussi occupé par d'autres exilées, et celles qui n'y trouvèrent pas place, eurent pour abri nocturne dans le jardin et dans le désert, le beau ciel de l'Égypte.

« Le mardi 18 juillet, dès le matin, nous nous rendîmes au bord du canal où stationnait l'aviso l'*Adonis*, joli petit bâtiment envoyé exprès par l'amiral Conrad pour recueillir les religieuses fugitives. Quelle fut notre surprise, mêlée de joie et de tristesse, d'y trouver quatre de nos sœurs de Suez, obligées aussi de partir ! Nous fûmes reçues par le commandant avec une sympathie dont nous ne saurions être trop reconnaissantes.

« Vers trois heures du soir nous n'avions encore rien pris, ni même la veille, ayant donné à nos enfants le peu de pain que l'on arrachait, au sortir du four, des mains du seul boulanger resté dans la ville. Il paraît que nous étions un peu défigurées, car le commandant devina que nous étions à jeun. Son petit navire ne fournissait pas la nourriture aux passagers. Ému de compassion, il nous fit faire une soupe de matelots dans de grandes bassines. Nous la mangeâmes de bon appétit ainsi que des galettes et même, s'il faut le dire, tout cela était dévoré à si belles dents, surtout par les orphelines, que les officiers et les braves matelots qui s'étaient privés de leurs provisions pour nous, prenaient un vif plaisir à voir nos enfants faire ainsi honneur à leur collation improvisée.

« Nous arrivâmes à Port-Saïd en même temps que la *Sarthe,* venant du large, jetait l'ancre dans la rade. On nous fit monter sur cette frégate. Nous y étions à peine installées que nous aperçûmes, sur un canot qui approchait, notre Sœur, la Supérieure de notre établissement de la ville. Ce fut une grande consolation de nous revoir, mais une bien triste entrevue. Elle nous témoigna le regret de ne pouvoir nous accueillir dans sa communauté. Défense lui avait été faite de recevoir des personnes valides à cause de l'encombrement des malades et de la crainte des contagions. Néanmoins, en ce qui dépendait d'elle, la bonne Supérieure se mit à notre service et nous procura tout ce qui était nécessaire, car nous n'étions guère moins dépourvues que des naufragées.

« La flotte française croisait devant Port-Saïd ; nous y étions en sûreté, près d'une ville en grande partie française. M. l'amiral Conrad qui eut pour nous et nos enfants des soins, on peut dire paternels, vint exprès à notre bord pour nous recommander d'une façon particulière au commandant de la *Sarthe*, M. Bellot, qui se plut à nous combler d'égards, ainsi que les officiers qui poussèrent l'obligeance au point de quitter leurs cabines pour les mettre à notre disposition.

« Nous restâmes douze jours stationnées sur la *Sarthe* en rade de Port-Saïd. Il y avait avec nous une quantité de fugitifs dont 25 petits enfants au-dessous d'un an, sans vêtements, ainsi que de pauvres vieilles femmes. Un comité se forma à Port-Saïd chargé de fournir des étoffes pour habiller les émigrants. Notre temps fut employé à confectionner des vêtements pour les malheureux qui en manquaient. Chaque matin et chaque soir, au changement de quart, l'officier de garde, monté sur la passerelle, récitait

la prière, que l'équipage la tête découverte, écoutait atten-
tivement.

« Le dimanche matin, l'amiral Conrad envoya deux em-
barcations chercher les religieuses et leurs enfants pour
assister à la messe sur sa frégate *La Galissonnière*. Un autel
richement paré était dressé sur le pont. M. l'aumônier du
vaisseau célébra le saint sacrifice, pendant lequel la
musique militaire ne cessait d'exécuter ses plus beaux
morceaux. Le ciel était superbe, pas un nuage au firma-
ment, et le soleil brillait dans toute sa splendeur. Cette
messe sur mer, et sur ce magnifique navire, qui nous
rappelait la patrie, nous ne l'oublierons jamais. Nous
eûmes le bonheur d'y faire la sainte communion. Oh !
quelle consolation pour nos cœurs ! Comme nous avons
pleuré ! Il est aussi juste de dire combien nous avons été
édifiées de la tenue recueillie, du respect de MM. les
officiers et de tout l'équipage pendant le saint sacrifice.

« La religion est toujours belle, mais qu'elle est imposante
à bord d'un vaisseau loin de la patrie ! Pendant la célébration
de la messe, à l'Élévation surtout, quand au milieu du silence
solennel, qui n'est interrompu que par trois sonneries de
trompettes, le Commandant crie d'une voix retentissante :
A genoux ! Terre ! Quand tous ces braves marins, tous ces
hommes de guerre qui couvrent le pont se prosternent,
l'émotion ne peut se décrire ; le cœur se fond ; il éclaterait
en sanglots, si l'on ne se retenait. Toutes les nobles
pensées d'amour de Dieu, d'amour de la France, d'amour
de la famille, se pressent dans votre âme. On sent que
cet hommage, par sa grandeur, est digne du Très-Haut,
du Dieu des armées, et qu'il récompensera ceux qui le lui
rendent avec tant de foi et d'humilité.

« Le 30 juillet, on nous transborda sur l'*Ebre*, bateau
des Messageries où nous ne nous trouvâmes plus que
quarante-deux personnes du Bon-Pasteur ; quelques-unes de

nos sœurs et des enfants avaient pris la route de Malte et de l'Italie, et la plupart des orphelines syriennes étaient retournées dans leur pays.

« L'*Ebre* se dirigea sur Alexandrie où nous désirions rendre nos devoirs à Mgr l'archevêque, si c'était possible ; arrivées au port de la pauvre ville bombardée, nous fûmes vivement sollicitées de descendre à l'hôpital européen par la Supérieure qui était venue au-devant de ses sœurs arrivant de Beyrouth. Ne pouvant pas refuser, et cependant ne voulant pas abuser de la bonté des filles de Saint-Vincent que nous savions presqu'aussi dénuées que nous, deux seulement acceptèrent leur invitation. A peine descendues à terre, nous fûmes consternées en voyant de près les ruines de cette malheureuse cité, naguère si animée et si florissante ; quelques-unes fumaient encore. Il faut l'avoir vu pour croire à un pareil désastre. Sur ce sujet, aucune description ne nous paraît possible.

« Les bonnes Sœurs de Charité furent pour nous ce que, en tous pays, elles ont toujours été, remplies d'attentions aussi tendres que délicates. Nous ne savions comment remercier leur éminente et surtout aimable Supérieure, la Sœur Peyremond, qui ne voulut nous quitter qu'au moment du départ.

« Remontées sur l'*Ebre*, cette fois nous voilà en route pour la France. Pauvres fugitives nous étions sur le pont, revêtues de tous les costumes : religieuses Franciscaines en brun, religieuses de Saint-Joseph de l'Apparition en noir, religieuses du Bon-Pasteur en blanc, Madeleines, orphelines, etc., toutes ensemble entremêlées de négresses, d'enfants de toutes couleurs, spectacle qui excitait grandement la curiosité et l'intérêt des passagers.

« Nous reçûmes sur ce bateau de la part du commandant, de l'équipage, et même de nos compagnons de voyage les mêmes témoignages de sympathie que pendant tout le cours de notre triste itinéraire.

« Sur les bâtiments des Messageries on n'a pas les mêmes coutumes religieuses que sur les navires de l'État, cependant les dispositions des marins, officiers et matelots, sont aussi favorables. Le vendredi soir, 4 août, la mer étant très calme, un Père Lazariste demanda au capitaine de l'*Ebre* l'autorisation de dire la messe les jours suivants sur le tillac ; ce qui fut accordé avec empressement. Pendant la nuit survint un fort roulis ; le saint sacrifice fut célébré quand même. C'était bien difficile de se tenir debout et même assis ; mais le calme revint bientôt, et le dimanche put être solennisé avec toute la dignité possible. Le lundi, de grand matin, un vénérable prêtre, M. l'abbé Gélase, nous dit qu'il allait offrir le saint sacrifice en action de grâces parce que nous allions bientôt apercevoir les côtes de France. Ces mots nous firent bien vivement battre le cœur ; cependant ce ne fut pas sans un mélange de regrets de nous éloigner de plus en plus de notre chère mission. En nous y consacrant de toutes nos forces, en y répandant, selon nos faibles moyens, les lumières de l'instruction chrétienne, nous ne changions point de patrie, nous travaillions pour la France puisque nous ne pensions qu'à la faire aimer et respecter. Que le bon Dieu, dans sa miséricorde, veuille bien nous ramener promptement au poste qu'il nous avait confié ! Pendant la sainte messe, nous chantâmes l'*Ave Maris Stella ;* à l'Elévation, l'*O Salutaris* et, à la fin de la messe, le *Magnificat.* Ce jour-là même, 7 août, entre 2 et 3 heures de l'après-midi, l'*Ebre* entra majestueusement dans le port de Marseille. Trois sœurs tourières vinrent nous chercher sur le bateau. La Supérieure de notre maison de Toulon nous attendait pour nous consoler et nous transmettre de vive voix les ordres de notre Mère générale. Nous devions toutes, religieuses et enfants, nous rendre à Angers ; mais comme nous étions quarante-deux personnes, et que la dépense était très forte pour traverser la France, nos monastères du Midi s'empressèrent de recueillir une partie de nos orphelines. Nous restions encore vingt de la colonie du Caire, dont treize religieuses. Enfin, nous touchions au terme de nos épreuves : arrivées à Angers le 10 août, à 9 heures du soir, nous fûmes reçues à bras ouverts par notre Supérieure générale et toute notre famille spirituelle. Aujourd'hui nous sommes trente religieuses émigrées d'Egypte à la Maison-mère, sans compter le petit troupeau d'orphelines que nous y avons amené. »

Afin de ne pas interrompre l'intérêt de cette relation nous la faisons suivre de lettres que l'on a bien voulu nous communiquer et qui sont écrites à leur Mère générale par les Supérieures des deux maisons que le Bon-Pasteur, outre celle du Caire, possède en Egypte, à Suez et à Port-Saïd.

« *Port-Saïd, 5 juillet*. — Votre cœur maternel comprendra, plus facilement que je ne pourrais l'exprimer, la tristesse de mon âme au milieu du vide qu'a laissé ici le départ de nos chères sœurs et de nos pauvres enfants [1]. Pendant nos pieux exercices à la chapelle, les pleurs et souvent les sanglots remplacent le chant des beaux cantiques de nos chères orphelines absentes. La vue des places vides au réfectoire nous ôte le courage de toucher aux aliments, et dans nos récréations si joyeuses autrefois, le souvenir de nos bien-aimées sœurs émigrées fait à chaque instant monter les larmes à nos yeux.

« Enfin nous sommes entre les mains de la divine Providence ; sa miséricordieuse bonté décidera de notre sort. Notre seule arme, notre seul bouclier, c'est la prière. Nous prions, et j'ose le dire, nous prions avec ferveur.

« Nous avons pris à nos frais trois gardiens européens qui passent toutes les nuits dans les maisons et la cour

---

[1] Le 29 juin, par ordre de l'autorité consulaire, étaient parties sur la *Corrèze*, 12 religieuses de notre couvent de Port-Saïd et 18 orphelines et repenties, dont trois négresses malades.

abandonnées de nos orphelines et de nos pénitentes. Les corridors et la cour sont éclairés toute la nuit. Ces précautions deviennent nécessaires ; nous sommes les plus proches voisines du village arabe, où les esprits sont fort surexcités. Du dortoir même de nos orphelines, on entendait des vociférations et les cris : *Mort aux chrétiens !*

« 17 *juillet*. — Dans l'espoir d'être utile à nos pauvres émigrées, je me suis rendue cet après-midi accompagnée de deux sœurs, à bord de la frégate-amirale. Je ne peux dire avec quelle sympathie nous fûmes accueillies.

« M. l'amiral Conrad s'informa avec une touchante sollicitude de notre situation à Port-Saïd, nous louant de notre soumission aux conseils et aux ordres qu'il nous fit adresser par la voie du consulat. Il exprima ses profonds regrets des mesures qu'il dut prendre par rapport à Suez : « Le couvent de vos sœurs étant très éloigné, il m'était impossible, dit-il, de veiller à leur sécurité. »

« Pendant notre entretien il reçut la nouvelle que nos sœurs du Caire venaient d'être transbordées sur la *Sarthe* qui était entrée en rade dans la matinée.

« Je demandai à M. l'amiral si nous pouvions aller voir nos chères sœurs. Il nous offrit immédiatement son embarcation et ses canotiers, à condition toutefois que la tentation ne me viendrait pas de prendre à terre qui que ce soit des fugitifs.

« Nous montâmes donc sur la *Sarthe*. Quel spectacle navrant s'offrit à nos regards ! Je ne saurais en faire la description. Religieuses Franciscaines, religieuses du Bon-Pasteur avec leur cortège de pauvres enfants ; des négresses presque toutes estropiées, des femmes aveugles, des infirmes, etc., et des Pères Jésuites, des Pères Franciscains, des Frères des Ecoles chrétiennes, etc., c'était désolant ! Nos chères Sœurs, encore moins que les détachements antérieurs n'avaient eu le temps de se munir même du strict necessaire.

« On nous avertit plus tôt que nos sœurs l'eussent voulu qu'il était temps de descendre de la *Sarthe*. Nous nous empressâmes, avant la tombée de la nuit, d'envoyer des matelas à nos pauvres Sœurs. Heureusement tout était préparé d'avance, et maintenant on est tranquille à bord. Demain nous verrons ce que nous pourrons faire pour soulager les chères émigrées. Nous leur enverrons une de nos tourières pour qu'elle s'informe plus en détail de ce qui peut leur manquer.

« M. l'amiral nous a renouvelé sa promesse de nous maintenir à Port-Saïd jusqu'à la dernière extrémité. Nous sommes maintenant les seules religieuses du Bon-Pasteur en Egypte [1]. »

« 23 *juillet*. — Mon cœur a besoin d'exprimer toute sa reconnaissance pour votre lettre si maternelle. Que de bien elle nous a fait ! Quelle douce consolation elle nous a apportée. En entendant vos encourageantes paroles, les témoignagnes de votre intérêt si tendre, nous ne pouvions retenir nos larmes.

« Je viens de recevoir la visite d'un R. P. des Missions africaines, supérieur de la station de Tantah [2]. Il m'a raconté que dans la nuit du 12 au 13, une émeute a éclaté dans cette grande cité fanatique. Les pauvres Pères avaient été charitablement avertis et se sont échappés eu toute hâte. Aujourd'hui leur établissement qui commençait à être si florissant, n'est plus qu'un amas de décombres.

« L'Evêque grec catholique vient d'arriver ici, tout consterné, après avoir visité les ruines d'Alexandrie. »

« 10 *août*. — Nous avons vu apparaître depuis le com-

---

[1] La Supérieure de Port-Saïd ne connaissait alors que l'ordre du départ de toutes les Sœurs de Suez ; elle ne savait pas que la plupart d'entre elles, déjà embarquées, avaient pu rentrer dans leur maison, à la suite de l'occupation de la ville par les Anglais.

[2] Tantah, ville de 80,000 âmes, presque à mi-chemin d'Alexandrie au Caire.

mencement de la semaine trois grands cuirassés anglais ; ils sont à l'ancre vis-à-vis de notre maison, à l'entrée du port, en dehors de la jetée. Hier soir entra dans la rade le vaisseau le *Terrible*, ayant à bord sept cents soldats. L'*O-rient* doit arriver dans la journée ou la nuit prochaine avec une troupe à peu près égale. Ce sera demain, 11 du mois, qu'aura lieu, assure-t-on, l'ouverture des opérations, et cette fois, à cause de notre position, nos pauvres malades et nous y serons les plus intéressés.

« Je laisse ma lettre sur le bureau jusqu'à demain soir. Peut-être alors pourrai-je ajouter *un fait* à la place de tous les on-dit.

« Chez nous, à la maison, la semaine a été employée en partie à mettre, non pas du vin, mais de *l'eau en cave*, et à faire provision de galettes (biscuits marins à l'usage des appétits et des dents solides), car on appréhende que nous soyons bientôt privées, non seulement des communications avec l'intérieur du pays, mais encore avec l'Europe. Déjà on vend la viande de 4 à 6 francs le kilo, le litre de lait 2 fr. 50. »

« 12 *août*. — Cette journée du 11, tant appréhendée, est enfin écoulée. Elle a été calme ; mais le soir, vers huit heures, un officier de la frégate-amirale vint nous avertir que les troupes anglaises débarqueront pendant la nuit. Il nous dit de ne pas nous effrayer, vu qu'en cas de danger, les marins de *la Galissonnière* descendraient pour nous protéger.

« Donc, sans repos, nos trois gardiens veillèrent armés. Une de nos sœurs passa la nuit sur le balcon pour observer le port, ainsi que le village arabe, et nous avertir en cas d'alarme. Toutes les précautions furent prises en cas d'incendie ou de départ précipité. Nous nous couchâmes tout habillées. Inutile d'ajouter que nous passâmes une nuit blanche. L'inquiétude seule causa notre insomnie, car les troupes ne débarquèrent pas, et la nuit se passa sans incident. Ce matin, encore, rien de nouveau, sinon que de nos fenêtres, on observe beaucoup de manœuvres dans la flotte anglaise.

« Merci encore mille fois, bien-aimée Mère générale, de votre tendre et maternelle sollicitude. Merci à toutes nos bien chères sœurs de leur fraternelle sympathie et des prières ferventes qu'elles adressent au Ciel pour leurs sœurs de Port-Saïd. »

ÉTABLISSEMENT DE SUEZ [1].

« Notre maison de Suez, demandée par Mgr Pascal Vericie, évêque et délégué apostolique d'Égypte, a été fondée le 31 mai 1865.

« Lorsque nos sœurs furent averties par les autorités que quelques-unes devaient partir, elles s'écrièrent aussitôt qu'elles voulaient ou partir ensemble ou mourir ensemble.

« Le samedi 8 juillet, M. le consul de France qui les avait déjà prévenues plusieurs fois du danger qui les menaçait, se rendit au couvent pour informer la Supérieure du péril de la situation et pour lui enjoindre de faire partir les enfants, sous la conduite de plusieurs Sœurs.

« Toutes les familles françaises et italiennes qui restaient encore à Suez, le quittèrent la nuit suivante. Cinq de nos sœurs se décidèrent donc à s'éloigner de leur chère mission, emmenant leurs orphelines, parmi lesquelles une petite Egyptienne, aujourd'hui à Angers, avait été baptisée la veille du départ.

« Le train qui emmenait le reste de la colonie européenne de Suez, à neuf heures du matin, parvint à Ismaïlia vers midi. Le lendemain nos sœurs prirent la voie du canal et, arrivant le 11 à Port-Saïd, y trouvèrent dans notre maison le même accueil que le troisième groupe du

---

[1] Suite des notes de la Supérieure du Caire.

Caire qui attendait là son embarquement. Elles montèrent toutes ensemble, le 13 juillet, sur le bateau des Messageries, le *Peï-Ho*, à destination de Marseille.

« Cependant le danger devenait imminent pour nos Sœurs restées à Suez. Le dimanche 16 juillet elles reçurent ordre du consul général d'Egypte et de l'amiral Conrad, de fermer leur maison pour se mettre en sûreté. Il fallut donc se résigner à partir, le cœur saignant d'abandonner le petit champ qu'elles avaient cultivé avec tant de soin et aussi avec tant d'encouragements et de consolations. Le consul vint les chercher pour les conduire à bord de l'aviso l'*Adonis*, mis à leur disposition. A Ismaïlia, elles rencontrèrent la quatrième et dernière colonne de la maison du Caire, obligée aussi de fuir après avoir tenu ferme jusqu'au dernier moment possible. Quelle entrevue! Elles confondirent leurs larmes, leurs amers regrets d'être contraintes de perdre de vue, au moins pour un temps, les pieux et prospères établissements que la Providence leur avait confiés.

« Toutes ensemble continuant leur triste route, arrivèrent à Port-Saïd pour prendre place sur la *Sarthe*. Nos Sœurs de Suez y passèrent neuf jours avec les émigrées du Caire. Au bout de cette attente, elles furent autorisées à retourner à leur maison de Suez. Embarquées sur le *Forbin*, elles furent obligées de stationner huit jours sur ce bateau, en face de Suez, devant leur hôpital, sans avoir la permission de descendre. Ces huit jours leur parurent des années. Le désir qu'elles avaient de rentrer dans leur cher couvent, une chaleur de 40 degrés, au fort de l'été d'Egypte, tout cela les accablait et elles commençaient à être fort souffrantes. Enfin, le 3 août, la liberté leur fut rendue. »

Mieux que nos paroles, voici plusieurs extraits des lettres qui annonçaient tous ces événements à la Révérende Mère générale :

« *Suez, 10 juillet.* — C'est le cœur navré que nous vous

écrivons ces quelques lignes. Nous sommes entre la vie et la mort ; nous attendons d'un moment à l'autre à être obligées de nous refugier sur un transport de guerre ou bien à être massacrées. Enfin nous ne perdons pas courage, nous sommes entre les mains du bon Dieu. Hier cinq de nos Sœurs et plusieurs de nos enfants, que nous ne pouvions abandonner, sont parties. Vous dire la douleur que nous avons éprouvée de part et d'autre est impossible. Nous ignorons comment se passera leur voyage, car tout le canal est couvert, d'un côté, de bateaux stationnaires, et de l'autre, de Bédouins sur les bords. Le bon Dieu, nous l'espérons, protégera le petit groupe de fugitives.

« Très bonne Mère générale, figurez-vous nous voir, quatre religieuses et trois sœurs tourières seules dans la ville, avec quelques indigènes, car eux aussi pour la plupart se sont enfuis. Les consuls sont partis avec leurs nationaux. Il n'y a que le consul de France et le consul anglais qui n'ont pas reçu d'ordres. Pendant deux jours nous avons été occupées du départ d'hier, et, cette nuit, nous avons fait des préparatifs pour nous-mêmes. »

« *Suez*, 6 *août* 1882. — Hier soir seulement nous avons eu votre lettre datée du 13 juillet. Elle a été pour nous un baume consolateur. Que de choses se sont passées depuis le 10 juillet, jour du départ de nos chères sœurs et de nos enfants ! Nos sœurs de la *Sarthe* vous auront, sans doute, raconté tout ce que nous avons souffert de fatigues et de peines ; elles vous auront dit aussi avec quel bonheur nous apprîmes la nouvelle que nous pouvions retourner dans notre établissement de Suez.

« Le jeudi 27 juillet nous fîmes nos adieux à nos sœurs de la *Sarthe* et nous nous embarquâmes sur le *Forbin* où nous avons été reçues, avec tous les égards possibles, par M. le commandant et MM. les officiers.

« Nous passâmes huit jours sur ce bateau. Le mercredi 2 août, dès le matin, nous vîmes venir à notre bord les officiers des bateaux voisins. Tous ces messieurs annonçaient l'entrée prochaine des Anglais à Suez. Enfin, à midi, ceux-ci se sont emparés de la ville sans éprouver de résistance. Les Arabes ont mis bas les armes et se sont retirés. M. le commandant du *Forbin* s'informa aussitôt si nous pouvions rentrer sans difficulté.; il n'y en eut aucune.

« Le lendemain, de grand matin, escortées de ces messieurs du bord, nous reprenions possession de notre chère maison. Le pavillon de la France était de nouveau hissé sur la façade. Nous avons eu déjà la consolation de rendre quelques services. Les habitants aisés ne sont pas encore revenus ; mais les pauvres y affluent déjà. Aussitôt qu'ils nous ont aperçus ou qu'ils ont appris notre retour, nos anciens protégés sont accourus pour nous souhaiter la bienvenue. Les témoignages sincères de la joie de ces pauvres gens nous ont vivement émus. C'est une nouvelle preuve des excellents rapports qui existent en Egypte, non seulement avec la classe indigente, mais entre tous les rangs de la population et nos colonies du Bon-Pasteur. »

Pour donner une idée de l'état lamentable dans lequel se trouvent aujourd'hui les maisons du Bon-Pasteur en Egypte, nous copions une lettre adressée le 6 août dernier au directeur du *Bulletin des Ecoles d'Orient*, par la sœur Marie-Ignace de Jésus, supérieure du Bon-Pasteur à Port-Saïd :

« Il y a deux mois à peine, nous bénissions le Seigneur en voyant combien notre petite mission devenait florissante ; nous songions à des agrandissements, à des bâtisses ; nous cherchions les moyens de nous procurer les fonds nécessaires. Jamais nos orphelines et nos élèves externes n'avaient été si nombreuses et ne nous avaient donné autant de satisfaction.

« Maintenant, hélas ! nos classes sont vides, notre communauté dispersée ; nous avons été obligées d'envoyer dans l'hospitalière France la moitié de nos Sœurs et toutes les orphelines demeurant à notre charge.

« Nous sommes restées ici onze religieuses et deux jeunes filles sans famille. Nos pauvres sœurs et leurs enfants du Caire et de Suez ont dû s'enfuir pendant la nuit, sans pouvoir même emporter le plus strict nécessaire en fait de lingerie ; nous avons eu à fournir bon nombre de matelas et de couvertures, car il en manquait sur les transports, ainsi que du linge pour une cinquantaine de personnes.

« Toutes ces dépenses ont presque épuisé nos faibles ressources. Nous ne pouvons plus rien gagner, car nous n'avons plus une élève, plus de travail rétribué ; chaque mois nous avons à payer deux gardiens qui passent la nuit dans les maisons abandonnées de nos orphelines et de nos repenties. L'avenir se montre à nous bien sombre ; cependant nous sommes résolues à rester ici jusqu'à la dernière extrémité, pour tâcher de maintenir notre chère petite mission. »

Nos lecteurs comprendront le respect dû aux précieuses notes que nous venons de mettre sous leurs yeux. De peur d'en altérer l'intérêt, nous nous sommes bien gardé de les entremêler de réflexions. Cette reproduction terminée, reprenant notre liberté, nous demandons la permission d'émettre les pensées que suggèrent ce journal si émouvant, et les commentaires dont Mme la Supérieure de la maison du Caire a bien voulu les accompagner. Disons d'abord que nous tâcherons d'être très discret. Il faudrait des volumes pour traiter convenablement de si graves sujets ; mais n'étant pas de taille à les remplir, la raison, d'après notre mesure, nous limitera à quelques pages.

Nous serions désolé de causer la moindre peine à la

Révérende Mère Sainte-Mathilde qui, avec l'autorisation de sa très bienveillante Mère générale, nous a charmé, à diverses reprises, par ses récits encore plus édifiants que pathétiques ; nous aurions le plus vif regret de la contrister ; mais il faut bien que nous la fassions connaître aux lecteurs pour qu'ils puissent apprécier la valeur de son témoignage. Que la digne servante du Seigneur se rassure ; la grille de son cloître est toujours devant nos yeux ; sans porter atteinte à son humilité, nous dirons simplement que Mme la Supérieure du Caire offre, de même que presque toutes les Supérieures de communautés françaises, l'alliance de la grâce, de l'esprit d'initiative, de la raison et de cette pieuse ardeur qui brave toutes les épreuves. Ces qualités auxquelles, si l'on osait, on pourrait en ajouter bien d'autres, sont voilées par celle qui fait le principal attrait de la femme chrétienne, et que Vincent de Paul appelle la sainte modestie.

En répondant à nos interminables questions avec une si aimable confiance, la digne religieuse n'oublie qu'une chose, elle-même. Comment faire pourtant, quand elle est seule, ou à peu près seule, en scène ? On sourit à voir avec quel art, ou plutôt avec quelle abnégation elle se dissimule en évitant de parler à la première personne. Cependant nous avons réussi à lui faire raconter quelques épisodes où elle est bien obligée de paraître ; pour donner une idée de leur intérêt, nous tâcherons de nous souvenir de sa visite au plus original des acteurs du grand drame qui vient de se passer en Egypte, Arabi-Pacha.

« Le 15 juillet, quatre jours après le bombardement d'Alexandrie, nous dit la Supérieure, l'émotion était si grande au Caire que tout le monde fuyait en désordre comme si le feu dévorait la ville. Voulant savoir à quel point cette terreur était fondée, et mettre ma nombreuse famille à l'abri de l'orage qui s'approchait, je résolus de me rendre près d'Arabi, le maître du moment, pour demander sa protection. Son camp était à deux lieues du Caire. Les personnages qui s'intéressaient à nous, tout en ne me cachant pas les risques de cette démarche, ne me détournèrent pas de la tenter. Le préfet de police me donna un sauf-conduit, et je partis dans une petite voiture du pays, accompagnée d'un Levantin catholique, comme drogman, et d'une tourière, Syrienne de naissance, pour suppléer l'Arabe, si la peur le prenait.

« Parvenue aux avant-postes de l'armée insurgée, je montrai au commandant mon espèce de firman et on nous laissa suivre notre chemin, à travers différents corps de troupe. Les soldats, couchés ou debout à côté de leurs armes, bien que proprement vêtus, avaient souvent des physionomies de brigands. Les officiers s'approchaient de la portière et se retiraient à la vue du papier que je brandissais de la main ; quelques-uns même saluèrent, probablement en reconnaissant mon habit, très respecté en Egypte, comme tous les costumes de religieuses.

« Arrivée à la porte du palais, quartier-général du nouveau souverain, le commandant du poste répondit à ma demande que le Pacha étant au conseil, je ne pourrais être admise que dans la soirée. Il était midi ; j'insistai et, peu après, on revint en me promettant que je serais admise à midi et demi. »

A l'heure dite, un aide-de-camp introduisit la Supérieure dans un salon où le général, en petite tenue, se tenait debout. Il s'inclina avec cette politesse grave qui caractérise les Orientaux ; puis, indiquant à la Révérende Mère Sainte-Mathilde, d'un geste qui ne manquait pas de noblesse, un sofa, seul ornement de la pièce, il prit place à côté d'elle, quand elle y fut assise. D'après les personnes qui l'ont approché, il semble avoir quarante ans. Sa taille est moyenne et sa figure intelligente, sans être distinguée, indique de l'énergie et de la volonté ; c'est, en somme, une nature audacieuse. Il faut bien qu'il ait du caractère pour qu'il soit parvenu, en quelques années, à un grade élevé. Des versions fort différentes ont couru sur son origine. La vérité est qu'il appartient à une famille de fellahs, petits propriétaires, autant qu'on peut l'être en Egypte. Engagé d'abord au service d'une mosquée, il ne suivit pas cette vocation qu'il avait embrassée par obéissance, et à la mort de son père, se trouvant libre, il quitta le collège des Imans pour se présenter à l'École militaire. On le dit très attaché à sa religion, sans doute par suite de ses premières études.

« J'exposai au général, continua la Supérieure, le sujet de ma visite, traduit par le jeune drogman et la sœur que, sans la moindre morgue, il avait fait asseoir vis-à-vis de nous. Après m'avoir écouté avec une déférence attentive, il me recommanda de me tranquilliser. « Le Caire, ajouta-t-il, est une ville sainte ; elle ne sera, de mon vivant, ni pillée, ni incendiée. Je ne comprends pas la frayeur des Européens. Je regrette beaucoup leur départ, surtout celui des communautés d'hommes et de femmes qui ne sont venues en Egypte que pour y apporter les lumières de l'instruction, et que tout le monde vénère. Engagez-bien vos compatriotes à rester. Les Français sont depuis long-temps les amis de l'Egypte. Ils n'ont rien à craindre de nous.

« Je commande, reprit-il encore, depuis Khartoum jus-qu'à Damiette. Rien ne s'y fait que par mon ordre. Comment supposer qu'on puisse vous faire du mal, à vous, la mère des pauvres, qui passez tout votre temps à prier et à faire du bien ? Vos enfants sont mes enfants. Ne sommes-nous pas tous issus des mêmes père et mère ?... » Et, comme je l'interrompis en m'écriant : « Ah ! nos pauvres enfants ! ils sont si effrayés de ce qu'ils voient et entendent, qu'ils ne mangent plus et dorment à peine... Arabi se prit à sou-rire, et, se levant, me regarda avec bienveillance ; puis, de sa voix la plus douce, il me dit : « Je suis contraint de le quitter (on ne connaît pas le *vous* en arabe), je le regrette ; mais calme les craintes de ton cœur ; je veillerai à ta sûreté et à celle de tes chers enfants. Recommande-leur de continuer à bien prier et à bien étudier, et aussi, termina-t-il en appuyant, à bien manger et à bien dormir. »

« Après avoir été reconduite par le général jusqu'à la porte de la salle, je revins très satisfaite de ma visite. Il paraît que l'on s'en aperçut sur mon visage, car les saluts des officiers furent plus empressés que la première fois. Personne ne s'opposa à mon retour, et ce fut au milieu de joyeuses démonstrations que je rentrai à notre maison où l'on était agité de vives inquiétudes sur mon sort. Le moins qui devait m'arriver, croyait-on généralement, était d'être gardée comme ôtage. Ces appréhensions n'étaient nullement fondées, car le général tint fidèlement sa parole. Dès le soir, deux gardes ou janissaires furent mis en faction à la porte du couvent, et même, à la fin de notre séjour, le poste fut doublé. »

Un autre épisode sur lequel Mère Sainte-Mathilde aime à revenir, ce fut la cordiale bienvenue que lui souhaitèrent les Sœurs de l'hôpital européen d'Alexandrie. Au fait, c'est un hôpital français, desservi par des Filles de Saint-Vincent. En l'appelant européen, les habitants ont voulu rendre un hommage à nos compatriotes pour l'excellence de leurs soins envers les malades de toute provenance. La sœur Peyremont, supérieure de ce grand établissement, est digne de sa mission, non moins par l'aménité de ses manières que par sa capacité et son courage. Elle en a donné la preuve récemment en demeurant ferme à son poste pendant les effroyables scènes de massacre, avant et après les désastres du bombardement.

Nous avons raconté [1], d'après une lettre reçue à Angers,

---

[1] *Journal de Maine-et-Loire* du 12 août.

que l'hôpital d'Alexandrie était sorti intact des deux catas-
trophes dont cette malheureuse ville a été victime. Le
fait est vrai, mais ce n'est pas sans avoir échappé à deux
dangers particuliers, en dehors des dangers généraux dont
parle la lettre. A onze heures du soir, la veille du bombardement, on frappe à la grande porte. La Supérieure,
elle-même, descend et entr'ouvre le battant. C'est un Bé-
douin qui demande un collyre pour une de ces ophtalmies
si fréquentes au désert. Sœur Peyremond répond : « Tu ne
dis pas la vérité ; il est trop tard ; tu reviendras demain »
et, comme son interlocuteur baisse la tête en signe de
confusion, elle ne doute pas du méchant dessein de cet
homme, car les Arabes, race primitive, ne savent pas men-
tir ; quand cela leur arrive, il est facile de les déconcerter.

La Sœur referme la porte, remonte l'escalier, et parvenue au premier étage, regarde sur la place. Quelle est sa
surprise d'apercevoir une troupe de Bédouins armés, quarante à cinquante, qui avaient sans doute formé le complot
d'envahir la maison par la porte ouverte, tandis que la
Sœur irait chercher le remède. Sa présence d'esprit fit
échouer ce projet, grâce également au fatalisme de ces
crédules sectateurs de Mahomet. Selon leur jugement, le
début du complot ayant échoué, l'exécution ne devait pas
réussir.

Nous avons dit, d'après un premier témoin oculaire, que
l'incendie avait épargné l'hôpital et qu'au moment d'at-
teindre les murs, un changement de vent en avait détourné
les flammes. Elles cernaient l'établissement de si près que
l'on a montré à la Supérieure du Caire de grandes traces
de fumée qu'elles ont laissées à l'extérieur. Le couvent des
Lazaristes qui touche presque l'hôpital a été complète-
ment la proie du pétrole répandu par les Bédouins, pour
piller, sur les boutiques qui occupaient le rez-de-chaussée
de la façade. Seule, la statue de saint Vincent qui s'élève
dans la cour d'entrée n'a pas été atteinte.

La lettre déjà citée ne parlait pas non plus du danger couru par les Sœurs et leurs malades, le soir du bombardement ; or, voilà ce qui était arrivé : une bombe lancée par l'un des énormes mortiers de *Monitor* tomba sur l'hôpital. Défonçant le toit et le plafond de l'étage en-dessous, elle vint écraser un lit d'un petit dortoir ; puis elle brisa le devant d'une armoire contenant des ornements sacrés, n'y toucha pas et rebondissant de lit en lit, qu'elle mit en pièces, elle s'arrêta sur le sixième et dernier, sans éclater, amortie par une pile de couvertures. Elle contenait assez de matière inflammable pour brûler tout l'édifice. Après l'avoir fait vider, on la conserve dans la chapelle. Haute de 70 centimètres, affectant la forme d'une mitre, elle pesait trois cents kilos, quand elle était remplie. La chambre où elle s'arrêta n'est séparée que par une cloison du dortoir des Sœurs.

« Vouloir peindre ou raconter les impressions diverses de ce bombardement qui n'a pas duré moins de dix heures consécutives, serait chose difficile, raconte le P. de Dianous, Supérieur de la maison des Jésuites. L'odeur de la poudre qui remplissait l'atmosphère, le fracas des édifices qui s'écroulaient, cette grande voix du canon qui dominait tout et ne cessait de se faire entendre, mais principalement le sifflement sinistre des bombes qui en indiquait la direction et faisait frissonner, nous inspiraient de sérieuses réfléxions ; tous comprenaient alors que nous ne pouvions espérer de secours que d'en haut, car le tir des assaillants était fort peu réglé, et les projectiles loin de ne viser que les forts, tombaient un peu partout. Plusieurs bombes ont passé sur nos têtes et ont éclaté à quelques pas de notre jardin. C'étaient des masses énormes dont quelques-unes ne mesuraient pas moins de 1^{m}10 de longueur sur 0^{m}80 de diamètre... »

L'observateur, attentif au mouvement des idées, remarque avec une vive satisfaction, l'harmonie qui existe entre les membres de l'épiscopat français, ainsi qu'entre les évêques et leurs clergés. Il en est de même parmi les ordres réguliers. C'est un des bienfaits de notre temps, par contre si fécond en tristesses. Ce qui frappe une congrégation atteint toutes les autres. N'est-ce pas vraiment un triomphe de la fraternité chrétienne, la seule véritable? Il est naturel que nos communautés, si étroitement liées en France, n'ayant d'émulation que pour le bien, conservent ces intimes rapports à l'étranger, surtout quand elles sont menacées d'un péril commun. Ne sont-elles pas toutes des ouvrières de la première heure dans le champ du divin maître? Si l'habit diffère de forme et de couleur, la pensée et le but sont les mêmes : s'offrir en sacrifice pour le salut des âmes.

Cette fraternité est un des caractères qui ont le plus frappé les Orientaux dans le prosélytisme catholique. C'est aussi l'une des causes du rapide développement de son influence et de la prédilection générale, en dépit de la modicité de ses ressources et de l'opulence des cultes dissidents. On n'a peut-être pas assez remarqué en France où l'on est si préoccupé, les succès, au dehors, des religieuses missionnaires. Autrefois, il semblait que l'honneur de répandre les lumières de l'Evangile n'appartenait qu'aux hommes. Les collections, si justement renommées des *Lettres édifiantes*, ne contiennent que des correspondances de religieux ; aujourd'hui les Annales de l'œuvre des Ecoles d'Orient et d'autres recueils comprennent souvent des lettres écrites par des religieuses qui ne le cèdent en rien aux récits des collaborateurs pour l'intérêt pieux, et même pour les qualités littéraires.

Une confiance, excessive peut-être, que nous ne saurions trop reconnaître, a mis entre nos mains quelques numéros des Annales privées du Bon-Pasteur, des Filles de la Charité et des Sœurs de la Présentation. Dans ces mémoires différents mais animés du même esprit, consacrés aux relations des colonies lointaines , on remarque les mérites qui ont formé un genre tout français, sans égal chez les autres peuples. Or, en fait de style épistolaire, le goût, l'abondance des traits, la finesse des aperçus, l'enjouement gracieux, qui caractérisent les plumes féminines sont pour beaucoup dans cette richesse nationale que nul conquérant ne pourra nous enlever. Ne comparant point le talent de nos modestes religieuses au génie de Mme de Sevigné et de Mme de Staël, nous dirons, sans dépasser la mesure d'une appréciation équitable, que les recueils, réservés à l'usage des communautés, contiennent de nombreux et véritables petits chefs-d'œuvre de délicatesse touchante et d'une admirable pureté de sentiments.

L'origine de cette bienfaisante propagande qui s'est développée dans des proportions immenses ne remonte pas à plus de cinquante ans. C'est depuis 1835, en particulier, que le Bon-Pasteur, notre glorieuse et sainte œuvre angevine, a fondé au delà de nos frontières, 105 colonies, quelques-unes à l'extrémité de la terre. L'honneur de cet admirable épanouissement chrétien est dû presque exclusivement aux Françaises. Si nous avons perdu la supériorité des armes, nous possédons, grâce à de pacifiques conquérants, ce qui vaut mieux encore, la prééminence de l'esprit de charité.

C'est en secondant l'intervention généreuse de nos pieux volontaires que la France pourra balancer le pouvoir matériel de l'Angleterre en Egypte. Bien que la guerre se soit terminée plus tôt qu'on ne s'y attendait, il était facile de prévoir la fin de la lutte dans ce pays dont la possession a été si soûvent enviée, à cause de ses richesses et de sa situation comme clef du passage aux Indes. Il a fallu une habile surprise pour déconcerter les plans d'Arabi. Sa bravoure est incontestable, et ses soldats avaient fait leurs preuves au siège de Plewna. Il avait su persuader aux fellahs que, fellah lui-même, sa révolte était un soulèvement national contre l'étranger qui profite seul des impôts dont les khédives accablent leurs sujets ; mais il manquait de ressources, et devait succomber promptement devant la tactique et la valeur des troupes anglaises. Pour achever de le perdre, le Sultan qui avait semblé d'abord le favoriser comme un zélé défenseur de l'islamisme, ne voyant plus en lui qu'un ambitieux, le déclara rebelle après avoir nommé grand-visir Saïd-Pacha, l'adversaire très capable et fort résolu du vieux fanatisme turc.

Le protectorat de l'Égypte va donc passer entre les mains de notre puissante voisine. Le jeune vice-roi est, dit-on, animé de louables intentions, mais sans force et sans expérience suffisante du gouvernement. Pareil aux rajahs de l'Inde, s'il ne possède plus qu'une autorité nominale, notre influence près de lui, si prépondérante jusqu'à présent, suivra, selon les probabilités, le déclin de sa destinée.

Cette perspective est fort humiliante pour notre politique ; cependant si l'on savait profiter de la situation, nous pourrions regagner en considération morale ce que nous perdons en prestige matériel. Assurément c'est une grande faute de nos députés, en repoussant la demande de subsides d'avoir décliné la coopération avec les Anglais. Que nous sommes loin des temps où nous combattions loyalement en Crimée, côte à côte, où nous partagions la gloire de la campagne ! Toutefois nous étions en pays russe, n'appartenant pas plus à la France qu'à l'Angleterre, tandis qu'en Egypte nous aurions été presque chez nous ; il ne devait pas s'y tirer un coup de canon sans notre permission. En définitive, par notre inaction, et sans que le démembrement de la Turquie, si souvent prédit, ait été effectué, les Anglais ayant pied sur Chypre et l'Egypte, sont maîtres de la grande part que leur ambition rêvait dans la catastrophe de l'empire ottoman. Quant à la France, non seulement elle ne gagne rien à ces évènements, mais, par l'imprévoyance de ses gouvernants, elle y perd ce qu'elle avait, la suprématie de l'action politique en Egypte, et n'acquiert pour compensation que la perspective de voir le canal de Suez, œuvre éminemment française, fermé à ses vaisseaux quand il conviendra à nos tout-puissants voisins. Qu'est devenue notre influence sur ces contrées, à propos desquelles un chroniqueur du xve siècle disait : « Il n'y eut plus dans la mer d'Orient *mât revêtu sinon de fleurs de lys?* »

Une faute non moins grave, et plus blessante encore peut-être que d'avoir laissé les Anglais rétablir, seuls, l'autorité légitime en Egypte, c'est d'avoir empêché les braves marins de descendre à terre pour défendre nos compatriotes pillés et massacrés par les Bédouins. Depuis longtemps le ministère Freycinet était prévenu du projet des bandes de pillards ; mais, pour ne plus être importuné par des cris d'alarme, renchérissant sur le système de l'Empire qui consistait à laisser pliées sans les lire les dépêches adressées de Berlin, en 1870, par le colonel Stopfel, on rappela le consul d'Alexandrie, de sorte qu'on put rester tranquille, jusqu'au jour où le complot annoncé fit explosion.

D'après l'opinion générale des témoins oculaires, si, à ce moment, on eût débarqué cinq à six cents marins, non pour prendre l'offensive, mais pour protéger les établissements français, cette démonstration, seule, soutenue par les habitants de bonne volonté, en eût imposé aux brigands qui, probablement, se seraient retirés sans oser commettre de barbaries.

La victoire éclatante remportée par les Anglais sur les fellahs révoltés, en leur donnant une autorité incontestable, accroîtra la crainte qu'ils inspirent, mais non les sentiments que, du reste, il n'est ni dans leur nature ni dans leur politique de rechercher. Bien que notre inaction ait dû nous faire perdre, en partie du moins, le respect de ces Orientaux toujours plus portés vers la force que vers la faiblesse, nous pourrions encore conserver les sympathies des diverses races de la population égyptienne, autant du moins qu'elles peuvent en avoir pour des étrangers. Si notre gouvernement se décidait à suivre les conseils de tous nos diplomates et agents consulaires, quelle que soit leur origine, en se servant comme point d'appui de nos communautés religieuses, on recouvrerait promptement les principaux avantages de la suprématie dont la France a joui si longtemps sur la terre d'Egypte. À cet égard, tous les ambassadeurs de la République à Constantinople, qu'ils se nomment de Vogué, de Saint-Vallier, Fournier, Tissot ou de Noailles, tiennent le même langage.

On a vu avec quelle émotion nos Sœurs du Bon-Pasteur parlent des égards que leur ont témoignés les officiers de marine, sur tous les bâtiments de l'Etat et de commerce, où elles ont pris passage. Ces hommages font encore plus d'honneur à ceux qui les rendent qu'à celles qui les reçoivent. Les premiers s'acquittent ainsi d'un devoir de reconnaissance pour les services que les communautés sont heureuses de leur offrir dans tous les ports où ils font relâche. Nul d'entre eux ne nie la part considérable qui revient à nos missionnaires des deux sexes dans l'estime dont jouit le pavillon français sur toutes les plages, même les plus lointaines.

Nous tenons de la bouche d'un officier supérieur de la marine ce propos qui nous a été confirmé, il y a peu d'années, par l'amiral de Cornulier-Lucinière : « Si l'Empereur, au lieu des guerres néfastes d'Italie et du Mexique, avait donné l'ordre d'armer cinq ou six frégates, dans le but spécial de transporter et de protéger nos missionnaires, le pavillon français jouirait aujourd'hui de la prépondérance sur tout l'univers, non seulement pour les intérêts religieux, mais encore au point de vue du commerce et de la colonisation. »

Une heureuse circonstance nous a mis en rapport, dernièrement, avec une Anglaise fort instruite, très distinguée, ayant beaucoup voyagé, et pour l'heure revenant des Indes. Avec la franchise ordinaire de sa nation, elle s'exprima, sur l'opinion de l'étranger à l'égard de notre pays, d'une façon sévère, mais dont il est difficile de contester la justesse. « La principale cause de vos malheurs, disait-elle, vient de votre ingratitude envers la Providence. Elle vous a comblés de faveurs; vous habitez la contrée la plus agréable du monde, avec un climat si doux qu'il permet à presque toutes les plantes de s'y couvrir de fleurs et de fruits. De plus, votre caractère national étant sociable par excellence, vous gagnez facilement la sympathie des populations au milieu desquelles le sort vous conduit. Malgré vos défauts qui sont grands, la vanité, la légèreté et l'esprit frondeur, nul autre peuple ne jouit de cet avantage, dont ne se soucient pas assez mes compatriotes qui passent fièrement à travers le monde sans faire la moindre concession de leurs usages ni même de leurs préjugés.

« Enfin vous possédez une élite de personnes de dévoue-ment dont vous ne vous servez point. J'ai rencontré dans un grand nombre de villes et même de petits ports de mer, des colonies de vos religieux et religieuses. Soutenues seulement par les offrandes de vos associations catholiques, la plupart d'entre elles périraient de misère si les sympathies locales ne venaient pas à leur secours. Partout on les aime et on les admire. Entre autres fondations, j'ai visité les établissements de votre Bon-Pasteur à Bangalore, à Mysore, à Bellary, dans le Bengale; à Rangoon, dans la Birmanie; à Colombo, dans l'île de Ceylan; à Melbourne, en Australie. C'est, en tout pays, le même concert d'éloges et de reconnaissance pour les religieuses et pour la France si dignement représentée. L'opinion est si favorable à vos communautés que les fonctionnaires les plus élevés tiennent à honneur d'en être les interprètes, en dépit de la différence de religion. Ainsi le gouverneur général des

Indes, lord Canning, prédécesseur de lord Ripon, ancien chef de la Franc-Maçonnerie du rit écossais, et aujourd'hui catholique, lord Canning, en présidant, quoique protestant, une distribution du magnifique collège des Jésuites à Calcutta, félicita les élèves d'obéir à des maîtres si savants et si vertueux. A Singapoor, l'évêque, votre compatriote, Mgr Gasnier, est l'aumônier rétribué de la garnison anglaise. Eh bien, tandis qu'en dehors de la France il n'y a qu'une voix pour reconnaître les services que vos missionnaires rendent à leur mère-patrie, en semant le bien partout sur leur passage, comment agissez-vous à leur égard sur votre commun sol natal?... »

Nous abstenant de répéter les paroles indignées et trop fondées de la vaillante voyageuse, nous ne pouvons mieux terminer, pour justifier l'à-propos de ces réflexions, qu'en empruntant à la Supérieure des établissements de Saint-Vincent à Constantinople, Sœur Renault [1], la fin d'une lettre qu'elle écrivait le 20 avril dernier à M. le secrétaire général des Prêtres de la Mission.

« ... Enfin, Dieu soit loué de toutes choses ! surtout de ce qu'il veut bien se servir de nous pour les œuvres qui lui sont chères, puisqu'il les bénit !

« Aidez-nous donc, Monsieur, à le remercier, et, si vous le pouvez, obtenez-nous des secours pour nous aider aussi à faire le bien. Ici nous avons peu de difficultés extérieures : le bien se présente tout seul ; mais les moyens manquent ! Et cependant, il y a tant d'enfants, et de toutes nations, à Constantinople, qui ne peuvent recevoir d'instruction et apprendre à travailler que chez nous ! M. le général Ignatieff, alors qu'il était ambassadeur de Russie près la Sublime-Porte, disait à un de nos amis : « La France a en Orient un régiment qu'elle ne connaît pas ; si, comme elle, nous avions des Missionnaires et des Sœurs pour les

____

[1] M. Léon Renault, ancien préfet de police, est son frère.

œuvres de charité et l'instruction de la jeunesse, il y a longtemps que l'Orient serait à nous!...» Puisse l'Orient être bientôt à Dieu, d'abord, et que ce soit par l'influence de la France qui y gagnerait une belle et désirable gloire que bien des cœurs lui souhaitent...

« Dans ce désir, je reste, Monsieur, votre très humble servante,

« Sœur RENAULT;

« i. f. d. l. C., s. d. p. m. »

On a bien voulu nous communiquer une série de lettres adressées par les Pères Lazaristes et les Filles de la Charité d'Alexandrie, à leurs supérieurs de Paris. Tout est à reproduire dans cette émouvante correspondance ; mais nous avons dû nous borner à quelques extraits, suffisants pour montrer comment les missionnaires français, hommes et femmes, savent traverser les plus terribles épreuves.

Ce que nous disons des Religieuses du Bon-Pasteur et des Sœurs de Saint-Vincent, peut aussi bien s'appliquer à toutes les autres Communautés françaises de femmes qui ont des succursales dans les Échelles du Levant[1]. Il y a variété dans la tâche, mais unité dans le principe et la fin. Franciscaines, Sœurs de Saint-Joseph, Dames de Sion, Religieuses de la Mère de Dieu, Oblates, Clarisses, Sœurs de la Présentation, Ursulines, Dames de Nazareth, Visitandines, toutes ces pieuses associations reçoivent, à juste titre, de l'Œuvre des Écoles d'Orient, des allocations, assurément insuffisantes, mais sans lesquelles leurs grands services seraient interrompus. Toutes ces fondations lointaines sont pour notre pays autant de colonies spirituelles

---

[1] On appelle ainsi les ports marchands de la Méditerranée orientale, où le pavillon français, en vertu de traités nommés *capitulations*, jouit de certains privilèges depuis un temps reculé.

qui prêtent un puissant concours à ses intérêts matériels, en inspirant partout la confiance et la considération.

Sans revenir sur la première journée des massacres d'Alexandrie, le 11 juin, nous arrivons au 16 juillet, cinq jours après le bombardement. A cette date la Supérieure de l'asile des Enfants trouvés, Sœur Leroy, écrit :

« ..... Le bombardement a duré depuis sept heures du matin jusqu'à cinq heures du soir ; mais cette journée, si pénible qu'elle fût, n'était rien à côté de celle du lendemain. Vers dix heures le pillage commença ; le feu fut mis dans tous les quartiers européens. Vous dire, ma sœur, ce que nous avons souffert pendant quarante-huit heures... impossible ! MM. les Anglais, après avoir bombardé, donnèrent le temps à ces malheureux Arabes de faire tout ce qui leur a plu.

« Que de meurtres ! que de pillages ! quel incendie général ! La maison de nos pauvres missionnaires, ainsi que l'église, n'est qu'un monceau de cendres. A chaque instant du jour et de la nuit, nous étions en alerte ; le feu nous entourait de toutes parts ; mais grâce à notre divin Sauveur, l'hôpital n'a pas été atteint.

« Tout n'est pas fini, et quoique les Anglais aient pris possession des forts, les Arabes continuent à mettre le feu. Toute la ville européenne brûle ; les plus beaux quartiers sont dévorés.

« *Neuf heures du soir.* — A l'instant, je viens de faire le tour de la terrasse. Quelle vue ! Quel spectacle navrant ! De tous côtés on ne voit que des flammes ; notre tour viendra-t-il ?

« On craint beaucoup ce soir pour la Miséricorde[1], car tout à l'entour les maisons sont en feu. Mon Dieu, que c'est triste ! Que le pauvre cœur est navré !

---

[1] On appelle *Miséricorde*, dans l'Ordre de Saint-Vincent, les maisons où les Sœurs font l'école, distribuent des remèdes, et d'où elles sortent pour visiter les malades en ville.

« Oh ! priez et faites prier pour nous, pour nos malades et nos enfants, pour toutes les personnes qui veillent sur notre maison. Nous avons dix messieurs bien dévoués qui né quittent pas l'hôpital ; les gardes se succèdent nuit et jour ; nos dignes missionnaires font des prodiges de dévouement ; ils n'ont plus rien, pas même de linge pour changer convenablement. Quoique nous ne soyons pas riches, je ferai tout mon possible pour leur venir en aide, en attendant que les secours arrivent du dehors. On ne trouve plus rien en ville ; plus de magasins ; tout a été pillé, incendié.... »

Lettre de M. Gaillard à M. Fiat, supérieur général.

« Alexandrie, 17 juillet 1882.

« Je ne pensais pas avoir la consolation de vous écrire. Grâce à Dieu, nous sommes sains et saufs, mais Notre-Seigneur nous a demandé un grand sacrifice. Le collège, l'église de la mission et les magasins loués qui en dépendent, sont entièrement brûlés.

« Comme tous les Européens, nous comptions que les Arabes n'auraient pas le temps d'incendier la ville, mais qu'après quelques heures de bombardement, les Anglais seraient maîtres d'Alexandrie ; aussi n'avions-nous emporté de chez nous que la caisse (qui ne pesait guère). Aujourd'hui nous voilà sans linge, presque sans vêtements, et obligés de vivre à l'hôpital. La Miséricorde, qui est située en face du collège, a été jusqu'ici préservée de l'incendie ; tout brûle autour de la maison, et au moment où je vous écris, on travaille à l'isoler des flammes.

« ..... Le bombardement cessa à cinq heures du soir, et nous n'en connaissions pas le résultat. Grand fut notre effroi quand, au lieu des Anglais que nous espérions voir entrer dans la ville, nous vîmes passer sous nos fenêtres, comme le 11 juin, des hordes d'Arabes armés et furieux, qui criaient : « Le grand pacha Arabi est victorieux ; tous les Anglais sont au fond de la mer ; mort aux chiens de chrétiens européens! » Nous étions dans la plus grande anxiété. On distribua des armes aux hommes valides qui, avec une foule de femmes et d'enfants, s'étaient réfugiés à l'hôpital[1]. Des rondes furent organisées.....

« Le lendemain, 12 juillet, plus de soldats arabes dans la ville; en vain nous attendons les Anglais, aucun ne se montre. Hélas ! nous étions livrés sans aucune défense à la féroce populace du 11 juin. A neuf heures commence le pillage des quartiers européens et à cinq heures l'incendie. Nous nous crûmes perdus.....

« Nous restâmes pendant trois jours et trois nuits entre la vie et la mort, n'attendant de secours que de Dieu seul. Il fallait lutter, nuit et jour, contre les assassins et les voleurs qui tâchaient de s'introduire dans la maison, et contre les pétroleurs qui, de distance en distance, faisaient flamber la ville européenne. Nous nous demandions toujours ce que devenaient les Anglais et Arabi..... Enfin, les premiers vinrent occuper les forts et les principaux postes de la ville. Il était temps, car nous étions exténués au moral comme au physique.

« Dès lors nous étions en sûreté contre les incendiaires et les assassins, mais non contre le feu qui dévorait toujours les beaux quartiers d'Alexandrie sans que personne pût y opposer un obstacle efficace. Aujourd'hui, cinquième jour du feu, on fait sauter les maisons brûlées et qui menacent ruine ; on circonscrit le feu, et nous espérons que, bientôt, il sera éteint. Jamais on ne connaîtra le nombre des Européens qui ont péri en défendant leurs maisons, le

---

[1] Il y avait près de quatre cents personnes : Religieuses, orphelines, malades, réfugiés. Comment, pendant de longs jours, a-t-on pu loger et nourrir tout ce monde? C'est un secret que les Sœurs n'ont point révélé.

revolver à la main, contre les pétroleurs. J'ai rencontré, hier, plusieurs cadavres en putréfaction et à moitié dévorés par les animaux ; aujourd'hui seulement on s'occupe de les inhumer.

« Les Sœurs ont fait l'admiration des Européens, réfugiés comme nous à l'hôpital : « Vraiment, disaient-ils, elles sont plus fortes et plus courageuses que nous. » L'ordre de leur journée n'était en rien troublé par les tristes circonstances dans lesquelles nous nous trouvions. Elles vaquaient à leurs occupations sous les bombes et en face de l'incendie, comme si elles n'avaient eu rien à craindre.... »

Lettre de la sœur Leroy à M. Fiat, supérieur général.

« Alexandrie, 20 août 1882.

« Mon très honoré Père,

« Il n'est plus, celui que vous nous aviez donné pour père, pour guide. Il n'a fait que passer au milieu de nous, pour nous laisser un bel exemple de toutes les vertus. Je laisse à d'autres plus habiles que moi de vous dire ce qu'a été le digne M. Gaillard [1], pendant le trop peu de temps que nous l'avons eu. Mais laissez à une pauvre fille des champs, mon très honoré Père, la consolation de louer à sa façon celui que nous vénérions à tant de titres. Ce digne Père a été la victime de son dévouement, pendant les tristes jours que nous avons passés, moments cruels que la plume ne peut rendre. Il fallait voir avec quelle abnégation, quel calme, quelle sérénité il a souffert, souffert pour nous, pour toutes les âmes qui lui étaient confiées, souffert avec

---

[1] M. Henri Gaillard, Supérieur du collège d'Alexandrie, un des hommes éminents de la Congrégation des Prêtres de la Mission ou Lazaristes, avait à peine trente-sept ans. Sa mort héroïque fut le digne couronnement de ses mérites et de ses vertus.

nous ; nous encourageant, soutenant les faibles, se multipliant, pour ainsi dire, pour toutes les âmes qui avaient besoin de lui ; il s'est offert pour victime afin que nous fussions épargnées..... »

Au milieu de tant de désastres, quelques épisodes touchants viennent reposer nos yeux attristés. C'est le préfet de police du Caire passant ses nuits, pendant plusieurs semaines, sur des feuilles de palmier, afin d'être toujours prêt à donner des ordres pour maintenir la tranquillité ; c'est le comte Gloria, ne craignant ni peines ni fatigues pour assurer et hâter le départ de nos 1,200 chrétiens ; c'est le riche musulman, Menchaoui, qui, apprenant les massacres de Tantah, se hâte de venir au secours des chrétiens, avec sa troupe de Bédouins et de serviteurs dévoués, arrache deux cents victimes à la mort, les abrite pendant la nuit dans ses trois châteaux et les conduit, le lendemain, à Ismaïlia, par un train spécial organisé à ses frais ; c'est un chef de Bédouins disant à un Père franciscain qui lui demande la vie : « Je te jure que rien ne t'arrivera. Ce n'est pas à vous que nous voulons du mal, car vous ne faites que du bien. » Alors le religieux enhardi : « Sauvez aussi mes confrères cachés dans cette maison ! » Ainsi fut fait ; les Bédouins conduisirent au désert la petite troupe des fugitifs. Ceux-ci y séjournent douze jours, mangeant et dormant avec les Arabes ; aucun mal ne leur arriva.

L'espace nous manque pour citer tous les faits du même genre, les témoignages d'estime et d'affection que les Frères et les Sœurs recevaient de la population, les actes de dévouement de leurs anciens élèves. Les Frères leur doivent, assurent-ils, dans plusieurs circonstances du carnage et de l'incendie, la préservation de leur vie et de leur demeure. Les soixante Arabes qui travaillent chez les Frères, à leur maison du Caire, disaient à chacun d'eux

sous mille formes : « Tu es mon père, ne m'abandonne
pas ; si l'on veut te massacrer, prends-moi pour ta défense. »
Ces cris du cœur, que la nature humaine sait encore faire
entendre par dessus les clameurs de la haine et de la
colère, nous consolent des misères et des déchéances dont
le triste spectacle afflige trop souvent nos regards.

Nous voudrions continuer ces émouvantes citations ;
mais elles dépasseraient les limites de notre modeste travail. En voilà assez pour expliquer l'estime dont nos communautés jouissent en Orient, et pour démontrer le besoin
de les soutenir, afin de conserver à la France le beau titre
de protectrice des populations chrétiennes. En faisant consacrer ce patronage par un article du traité de Berlin, le
représentant de notre gouvernement a fait un acte d'excellente politique. A coup sûr, M. Waddington, qui est protestant, ne saurait être taxé de tendresse exagérée pour le
catholicisme, et, néanmoins, c'est lui qui a le plus énergi-
quement poussé au développement des écoles catholiques
dans toutes les Échelles du Levant.

Si tous les hommes éclairés ont applaudi à cette patrio-
tique prévoyance, quelle a été leur stupéfaction d'apprendre
qu'un autre ministre, répudiant les glorieuses traditions
de la France, a promis aux radicaux de *travailler de son
mieux à laïciser notre influence en Orient*, c'est-à-dire à y
détruire des siècles de politique habile et persévérante !

« Que M. de Freycinet et le parti dont il est le fidèle agent
soient bien avertis — mais ils ne tiennent guère aux
avertissements — : le jour où nous renoncerons au protectorat catholique en Orient[1], sous prétexte que c'est une
institution de la vieille France, incompatible avec les prin-
cipes de 89, il se trouvera assez de puissances pour recueillir notre héritage. Nous n'avons pas seulement à

---

[1] *Revue des Deux-Mondes* du 1er octobre 1882. M. Gabriel Charmes,
collaborateur républicain du *Journal des Débats*.

craindre les sociétés bibliques d'Angleterre et d'Allemagne qui, à coups de millions, font une ardente concurrence à nos missionnaires, le danger n'est pas moins grand du côté d'états catholiques. L'Autriche et l'Italie multiplient les démarches à Rome, afin d'obtenir du Pape les droits dont jusqu'ici nous avons eu le monopole. Ces puissances font valoir d'excellentes raisons : elles rappellent la manière dont nous traitons, chez nous, les moines et les couvents ; elles montrent notre acharnement à poursuivre contre le cléricalisme une lutte qui n'a ni excuse ni prétexte ; elles insinuent, d'ailleurs, que nous sommes désormais sans force, sans prestige en Orient, que ne sachant pas y défendre la vie de nos nationaux, à plus forte raison ne saurions-nous y défendre des congrégations ; qu'après ce qui vient de se passer en Égypte, et l'humiliation de notre drapeau en présence des massacres d'Alexandrie, notre protectorat n'est plus qu'un vain mot.

« Le Pape résiste parce que, doué d'un esprit politique supérieur, il comprend que, plus nous nous détachons du catholicisme, moins le catholicisme doit se détacher de nous... » Cependant qui peut prévoir les résolutions que, dans sa suprême sagesse, prendrait Léon XIII, si la persécution tantôt violente, tantôt sournoise, ne s'arrêtait pas ; « si l'on continuait de laïciser, sans trêve ni relâche, sans respect pour le droit des familles, sans égards pour les humbles et nobles filles qui se dévouent à leur tâche [1]...? »

Tandis que la reine Victoria récompense magnifiquement tous les officiers et soldats qui se sont distingués dans la campagne d'Égypte, ne serait-ce pas pour le ministère un devoir de signaler la belle conduite de nos religieux et religieuses, conduite qui a causé l'admiration des indigènes comme des étrangers? Nous ne sachons pas que les organes officiels du gouvernement y aient fait la

[1] M. Vacherot, philosophe et républicain de l'avant-veille.

moindre allusion. Ils ont laissé le plaisir de décerner des éloges, si bien mérités, aux journaux de l'Angleterre et de l'Italie.

Toutefois ce défaut d'équité ne doit pas être attribué seulement à ces prétendus amis de la liberté qui soutiennent que prier en commun, c'est conspirer contre la société moderne. Nous-mêmes, catholiques, suivons-nous avec assez d'intérêt le développement merveilleux de l'action divine par le ministère de nos congrégations de femmes ? Leur appliquons-nous avec assez de respect ce début de l'hymne à sainte Thérèse, dont l'Église célébrait dernièrement la fête ?

> Envoyée du Roi des cieux,
> Vous abandonnez la maison paternelle
> Pour annoncer Jésus-Christ aux Infidèles,
> Ou leur sacrifier votre vie.....

Vincent-de-Paul avait essayé cet apostolat en envoyant ses filles en Pologne, à Tunis, à Madagascar ; mais, après sa mort, ces tentatives ne furent pas continuées, et ne se renouvelèrent que de notre temps avec le succès que l'on sait, ou plutôt que l'on devrait savoir, en y prêtant plus d'attention. Cette remarque, s'il nous est permis de la faire, nous a été suggérée par un article inséré dans notre excellente *Semaine religieuse*, numéro du 1er octobre dernier, à propos d'une étude de M. Groffier sur les Missions catholiques.

« Ce travail, écrit l'auteur de l'article emprunté à une
« autre *Semaine*, démontre jusqu'à l'évidence que la
« connaissance de Dieu pénètre de plus en plus notre
« globe. L'idolâtrie proprement dite n'existe plus qu'au
« sein des régions inhabitables ou inaccessibles, telles que
« les plateaux de la Mandchourie ou les plaines de l'Afrique
« centrale. Un jour viendra, et ce jour n'est pas loin, où
« le fétichisme et le culte du démon auront disparu de
« l'univers.

« Quelle gloire pour le catholicisme de pouvoir comp-
« ter, dans toutes les régions du monde habitable, un
« nombre presque infini d'établissements où travaillent à
« l'envi le clergé séculier et les religieux de différents
« ordres : Franciscains, Dominicains, Passionnistes,
« Jésuites, Oblats, Capucins, Carmes, Lazaristes, Prêtres
« du Saint-Esprit, des Missions étrangères.....!

« De tous ces ouvriers qui travaillent avec tant de zèle
« dans la vigne du Seigneur, la plupart sont français ; ils
« font aimer et bénir jusqu'aux extrémités du monde le
« nom de notre chère patrie.

« Ils marchent, multipliant leurs stations, sans se lais-
« ser décourager par les persécutions ni par les obstacles.
« Leurs efforts, les longs voyages qu'ils entreprennent au
« milieu des nations barbares ou dans des régions inexplo-
« rées, ne sont pas moins utiles à la science qu'à la reli-
« gion. On n'a pourtant guère parlé d'eux ni de leurs tra-
« vaux dans les congrès de géographie. Qu'un Stanley
« ou qu'un Livingston, aidés de toutes les ressources que
« peuvent fournir la richesse et l'appui d'un grand peuple,
« entreprennent un voyage d'exploration, leurs noms et
« leurs aventures volent de bouche en bouche, tandis que
« les voyages et les découvertes de nos prêtres et de nos
« religieux passent le plus souvent inaperçus..... »

Ces réflexions sont assurément fort justes, mais elles ont
besoin d'être complétées. A cette glorieuse nomenclature
d'ordres religieux, on doit ajouter les Frères des Écoles
chrétiennes, ces humbles, capables et indispensables auxi-
liaires du clergé, dont la popularité à l'étranger semble
s'accroître en proportion de l'aveugle hostilité qui les pour-
suit chez nous. Ce noble institut, de caractère tout français, est fort répandu dans le Levant. Le courage et le dévouement que les disciples du vénérable La Salle viennent
de déployer au Caire sont bien propres à leur concilier
davantage encore le respect affectueux des populations.

Les fruits que recueillent les Missionnaires, ces intrépides pionniers de la civilisation chrétienne , sont plus
abondants que jamais ; mais à qui doivent-ils une grande
partie de leur récolte, si ce n'est aux religieuses expatriées ,
volontaires, leurs collaboratrices? Ce sont elles qui , bien
souvent, par la confiance qu'elles inspirent , disposent les
esprits à recevoir la bonne semence.

Inspirées par la même ardeur de prosélytisme , ces
vaillantes femmes, malgré leur faiblesse , pénètrent dans
presque tous les parages où s'avancent les ministres de la
parole divine ; parfois même, en les devançant, elles préparent leur accès. Actuellement elles sont à l'extérieur
comme à l'intérieur de la France, beaucoup plus nombreuses
que les religieux. Une seule congrégation, celle de Saint-
Vincent, compte plus de six mille de ses membres à
l'étranger, répartis en 1,054 fondations.

Nous avons dit que des religieuses du Bon-Pasteur ne
craignent pas d'affronter, à l'entrée orientale de la mer
Rouge, le séjour d'Aden, véritable terre de feu, et par le
sol volcanique et par la température torride ; d'autres
femmes, au cœur héroïque, s'exposent davantage encore,
car elles osent braver la cruauté des hommes, plus dangereuse que celle des climats. Depuis quelque temps, des
Sœurs de Saint-Joseph sont établies dans le royaume de
Dahomey, dont les habitants, les plus barbares de l'Afrique,
adorent comme fétiches les serpents qui pullulent de
toutes parts, et considèrent les sacrifices humains comme
des hommages à leurs affreuses idoles.

La même communauté dessert l'hôpital de Saint-Louis,
au Sénégal. L'année dernière s'y déclara une épidémie de
vomito negro, plus violente qu'à l'ordinaire. La moitié des
Sœurs succombèrent. Elles furent remplacées immédiatement par d'autres Sœurs venues de France , heureuses de
relever leurs compagnes sur ce véritable champ de bataille. Si l'on ajoutait à ces nobles victimes les Filles de la

Charité, massacrées à Tien-Sin, en 1860 [1], les trente hospitalières mortes du typhus en soignant nos soldats lors de la campagne de Crimée, toutes celles qui bravent les contagions au chevet de leurs malades, la peste, le choléra, le croup, la fièvre jaune, en Amérique surtout, on dresserait un martyrologe qui ne serait pas moins digne de vénération que celui de nos admirables missionnaires.

Qu'on nous permette de citer encore une attestation bien concluante, car elle émane de l'un de nos glorieux vétérans de l'armée de mer, resté aussi charmant causeur dans les salons qu'il fut habile et valeureux dans ses nombreuses et lointaines campagnes :

« J'ai entendu dire à l'amiral Roze, nous a raconté un ami des plus dignes de foi, que les Sœurs de charité étaient, sans comparaison, nos premiers missionnaires. « Dans les parages où j'ai navigué — c'est l'amiral qui parle, — particulièrement en Cochinchine, le premier mouvement de tous les indigènes est la méfiance. Pourquoi des gens que nous ne connaissons pas, viennent-ils de si loin, et que nous veulent-ils ? On ne peut supposer qu'ils n'aient pas un but caché. » Quand ils voient un uniforme, ils disent : « C'est pour nous opprimer. » Quand ils voient un missionnaire, ils disent : « C'est pour nous séduire, nous soumettre à leur religion et en tirer profit. » Quand ils reçoivent les soins d'une sœur de Charité, ils s'attendent à la demande d'un salaire ; mais, quand ils voient des femmes se dévouer à toutes leurs souffrances, panser des plaies répugnantes, aider leurs femmes et leurs enfants dans les soins du ménage, leur donner en même temps des conseils aussi affectueux que désintéressés, sans entrer jamais dans

---

[1] Onze religieuses versèrent leur sang pour la cause de Jésus-Christ. Ces saintes victimes du fanatisme des mandarins, avaient pour supérieure une femme du plus grand mérite, originaire de Tours, et parente d'une honorable famille d'Angers.

aucune controverse, ils se disent : « Ces femmes-là sont de véritables anges. Elles nous sont directement envoyées du ciel. » Ils veulent alors s'instruire d'une religion qui produit de tels miracles. »

Comment le pauvre peuple de tous les pays n'aimerait-il pas nos sœurs de Charité, quand il les voit se sacrifier pour lui avec tant de courage et de belle humeur. En lisant leurs *Annales*, on voudrait les transcrire en entier ; c'est comme un écho des Actes des Apôtres. Puisque ce n'est pas possible, on nous pardonnera de puiser encore, quelque peu, dans ce trésor de belles actions et de touchants récits.

« La petite-vérole ayant commencé, à la fin de 1880, à sévir dans certains quartiers de Croy, ville considérable de l'Etat de New-York, où la communauté de Saint-Vincent possède trois maisons, le Conseil municipal fit ouvrir immédiatement un hôpital pour les varioleux, dans le double but d'empêcher la contagion de s'étendre et de procurer des soins aux malades.

« Mais on craignait avec raison que plusieurs, cédant à une répugnance fort générale parmi les pauvres, ne préférassent rester cachés dans leur logis. Pour vaincre cette difficulté, le Conseil municipal résolut de confier l'hôpital aux Sœurs, bien persuadé que leur présence suffirait pour faire tomber tous les préjugés.

« Trois Sœurs, choisies pour cette mission de dévouement, se rendirent, joyeuses, à la petite ambulance, où elles devaient être enfermées avec les pestiférés, sans avoir aucune correspondance avec le dehors. Elles y trouvèrent une quarantaine de malades et tout l'établissement dans un désordre pitoyable ; mais elles eurent bientôt remédié à cet état de choses, et nous pûmes constater, par leurs lettres, écrit la Supérieure de l'hôpital civil de Croy à la Supérieure de la Maison centrale d'Emmittsburg, que ni la peste, ni l'isolement n'avaient altéré leur gaieté ; elles se disaient « heureuses comme des reines, » et cependant elles étaient loin d'être à l'aise dans un local exigu et incommode.....

« J'ai fait parvenir vos lettres aux chères recluses, par un de nos médecins ; elles me répondirent le lendemain par la même voie ; je vais vous copier quelques lignes de leurs lettres, datées de *notre monastère* : « Si vous saviez la
« joie avec laquelle nous avons reçu les lettres que vous
« nous avez envoyées, surtout celles de la mère Euphé-
« mie et de ma sœur assistante ! Que de bontés on a pour
« nous, les heureuses privilégiées de la famille ! Nos yeux
« se remplissent de larmes en y pensant. Quand vous
« écrirez à notre bonne mère Euphémie , remerciez-la
« mille fois pour nous ; dites-lui que nous sommes *très*
« *bien* ici, et nos malades aussi. Pauvres gens ! ils sont si
« heureux d'être soignés par des Sœurs, et si reconnais-
« sants ! ils nous donnent de bien grandes consolations ;
« ceux qui meurent , par la résignation avec laquelle ils.
« font le sacrifice de leur vie, et ceux qui réchappent, par
« les bons sentiments qu'ils témoignent. Même les parents
« de ceux qui succombent , sont tellement persuadés que
« nous avons fait tout ce qui était au pouvoir des créa-
« tures pour prévenir ce malheur, qu'ils s'inclinent avec
« soumission devant la volonté du souverain Maître, et ils
« n'ont pour nous que des paroles de bénédiction.

« Dites bien à notre bonne Mère combien nous appré-
« cions le privilège d'être auprès de ces pauvres pes-
« tiférés ; il nous semble que toutes nos sœurs doivent
« nous envier ce bonheur. Que de choses nous aurons à
« raconter de notre *vie cloîtrée* !

« Adieu, ma chère sœur, il ne faut pas s'oublier auprès
« de vous ; nos malades pourraient avoir lieu de s'en
« plaindre. Figurez-vous qu'une petite fille est venue au

« monde ici, la nuit dernière ; la pauvre mère, atteinte il
« y a deux jours de la petite-vérole, nous a été amenée
« hier.

« Vos très affectionnées ,

« Sœur Vincent,
« Sœur Joseph,
« Sœur Maurice. »

En lisant ces lignes si simples, si naturelles, on respire
comme un parfum de grâce et de candeur. Ne serait-ce
pas une page retrouvée de ces aimables saintes, Elisabeth
de Hongrie ou Rose de Lima , si tendres aux pauvres
malades, qui, en montant au ciel, ont laissé à la terre l'héritage de leurs vertus ?

Mais revenons à nos Écoles d'Orient. Bien que des États-
Unis à l'Asie-Mineure la distance soit grande, nous ne
changeons point d'ordre d'idées ; nous nous retrouvons
dans la même famille, puisqu'il s'agit toujours de Sœurs
de Charité.

On se souvient du terrible tremblement de terre qui
détruisit presque entièrement l'île de Chio, au mois d'avril
de 1881. Des centaines de morts et de blessés furent ense-
velies sous les ruines. Le consul de France à Smyrne, M. de
Pellissier de Raynaud , ayant réclamé l'assistance des
Sœurs près des victimes, la Supérieure de l'hôpital français s'empressa de déférer à ses instances et confia cette
mission à sept Sœurs détachées — toutes voulaient partir — des quatre maisons que la Congrégation de la rue
du Bac possède dans la capitale de l'Anatolie.

Les jours et les nuits furent employés, comme les Filles
de Saint-Vincent savent le faire, à relever les morts, consoler les mourants et panser les blessés. Elles assistèrent,
dans ce douloureux office, les prêtres, les médecins qui
arrivèrent dans l'île, animés par une louable émulation ;

elles partagèrent la bienfaisante tâche avec les Sœurs de Saint-Joseph établies depuis longtemps à Chio, et furent secondées à l'envi par nombre de jeunes gens venus de Smyrne avec d'abondants secours, et par les marins de la frégate le *Bouvet*, commandée par le comte de Montesquiou. Ce concours de bon vouloir dura trois semaines. On évacuait les malades sur les hôpitaux de Smyrne à mesure qu'ils étaient capables d'être transportés. « Enfin, « le 26, écrit la sœur Jeanne Morice, nous quittâmes Chio « avec le reste de nos blessés, destinés à l'hôpital français, « et nous embarquâmes à bord du *Bouvet*, dont l'équipage « s'était si noblement distingué depuis la catastrophe. « Après huit heures de traversée assez pénible, nous revî-« mes, avec une grande joie, Smyrne, et surtout nos « chères maisons respectives où nous étions attendues « avec impatience.

« Une ovation était préparée pour le *Bouvet*. A son en-« trée dans le port il fut accueilli par de joyeux vivats, « auxquels répondit l'équipage entier. Un petit vapeur sur « lequel était le comité de Smyrne, vint au devant de la « frégate, répétant en chœur de chaleureux hourrahs. Une « vingtaine de canots pavoisés aux couleurs nationales et « contenant chacun un groupe nombreux de jeunes gens, « se pressaient à l'envi pour rendre plus éclatant ce petit « triomphe. Il était beau de voir, à un signal donné, tous « nos braves marins montant aux vergues et témoignant la « joie que leur causait cette manifestation, récompense du « courage qu'ils avaient déployé pour secourir les victimes « du terrible fléau. Le bon commandant paraissait singu-« lièrement touché, et nous-mêmes, nous bénissions Dieu « de ce que, sur la terre étrangère, notre chère France se « montre toujours à la hauteur de la belle mission qui lui « est confiée. »

Cette scène est assurément fort bien décrite; mais la sœur Morice a omis l'épilogue. L'humble femme n'a pas.

voulu dire qu'elle et ses compagnes furent les véritables héroïnes de la fête. Quand le bateau qui portait le comité de secours accosta la frégate, tous les officiers entourèrent les Sœurs et pendant qu'ils leur adressaient de sympathiques adieux, l'équipage les saluait de ses acclamations. Les autorités de la ville étaient rangées devant le débarcadère pour souhaiter la bienvenue à tous les membres de la charitable expédition. Le chef de la municipalité complimenta particulièrement les religieuses et les médecins. La foule était immense ; on aurait dit que toute la population de la somptueuse cité, qui ne compte pas moins de cent trente mille âmes, était massée sur les quais, les rues avoisinantes, aux fenêtres et jusque sur les terrasses qui, sous un ciel presque toujours pur, recouvrent les habitations.

L'affluence était si compacte, que l'on eut beaucoup de peine à se frayer un passage pour se diriger vers l'hôpital français ; on avait décidé d'y transporter les malades comme étant le mieux organisé des divers hospices de la ville. Enfin le cortège se mit en marche ; il était précédé par le président et les membres du Comité de secours. Suivaient un à un les brancards des blessés portés sur l'épaule par les matelots du *Bouvet* ; ces braves gens n'avaient pas voulu céder cet honneur à toutes les mains qui le réclamaient. La colonne se terminait par les chirurgiens, le Père Danelli, lazariste, et les Sœurs de Saint-Vincent. Sur tout le parcours du cortège les acclamations éclataient avec une émotion inexprimable ; ce fut surtout à la vue des blanches cornettes que les transports firent explosion. Les louanges à l'honneur des modestes femmes, qui ne savaient comment se dérober à l'enthousiasme universel, étaient proférées dans toutes les langues de cette population cosmopolite. C'était un concert plus retentissant que distinct de toutes les formules d'admiration, où dominaient cependant les : Vive la France ! vivent les Sœurs ! vivent les marins du *Bouvet !* Dans cette manifestation si touchante et si bien méritée, tous les cœurs étaient d'accord ; pouvait-il en être autrement, puisque l'hommage se rendait aux dignes représentants de deux vertus fraternellement unies : la valeur et la charité.

C'est aux sentiments généreux, à l'esprit de prosélytisme
des catholiques français, que l'on doit cette floraison d'établissements de charité dans le Levant. *La Propagation de la
Foi* en a été le premier promoteur ; mais s'étendant sur
tout l'univers, elle ne peut consacrer son action spéciale-
ment à une contrée, si intéressante qu'elle soit. La part
principale du succès obtenu dans les diverses provinces de
l'empire ottoman, revient à l'œuvre *des Ecoles d'Orient*,
fondée en vue de régénérer par le christianisme cette
région célèbre qui fut le berceau de notre religion et qui
est destinée à entraîner bien d'autres pays dans le mouvement de sa renaissance.

On sait que la bienfaisante œuvre doit sa création à
l'Institut de France, sous l'inspiration de l'illustre Cauchy.
Parmi les zélateurs de l'origine, on lit les noms de
Chevreul, Wallon, l'amiral Mathieu, Biot, Ozanam, Monta-
lembert, Eugène Boré, Lacordaire, de Tocqueville, Saint-
Marc Girardin, de Melun, Ampère, Ratisbonne... Le premier directeur fut le cardinal Lavigerie, il eut pour
successeur Mgr Soubiranne, évêque de Belley ; le directeur
actuel est Mgr Dauphin, prélat de la maison de Sa Sainteté.

L'Œuvre des Ecoles d'Orient est éminemment française,
puisque, fondée en France, elle y puise presque toutes ses
ressources, en personnel comme en souscriptions, montant d'ordinaire à cinq cent mille francs. Cette somme est
importante ; mais quand on réfléchit à son partage en
plus de cent institutions charitables, on est émerveillé de

voir si peu de semence produire de si abondantes moissons.

Dans cette somme la contribution de notre département ne s'élève qu'à cinq mille francs, et n'arrive qu'au vingt-sixième rang dans le tableau des diocèses. C'est bien modeste pour un pays si favorable aux entreprises généreuses. Le manque de publicité doit être la cause principale de cette position inférieure. Aujourd'hui les communautés de l'Egypte, de cette terre privilégiée qui excite d'ardentes ambitions, démontrent jusqu'à l'évidence combien l'Œuvre des Ecoles d'Orient a rendu de services, et doit en rendre encore. Le prix de la souscription — dix francs par an — est si modéré, que nous devons espérer un important et prochain accroissement d'associés angevins.

Il est encore un autre moyen de montrer ses sympathies à l'excellente Œuvre, c'est de lui rendre hommage dans la personne de plusieurs de ses coopératrices les plus zélées et les plus méritantes. Nous avons dit que trente-trois religieuses des diverses maisons que le Bon-Pasteur possède en Egypte, avaient été contraintes de revenir à la Maison-mère. Certaines de retrouver dans leur seconde patrie toutes leurs protégées qu'elles élèvent dans l'amour de Dieu et de la France, elles n'ont pas de plus ardent désir que de retourner à leur sainte mission. Malheureusement, qu'elles nous pardonnent cette indiscrétion, des obstacles matériels s'y opposent. Sans compter les dépenses nécessitées par la réinstallation des établissements laissés à la garde de Dieu, les frais de voyage sont considérables. Le trajet seul, de Marseille à Angers, a coûté huit cents francs. Connaissant les habitudes de réserve du Bon-Pasteur, nous n'avons pas osé lui conseiller d'adresser un appel aux sympathies générales, mais c'est à nous, catholiques angevins, de prendre l'initiative. En contribuant à une offrande suffisante pour défrayer jusqu'à leur embarcation les pauvres exilés, ne serait-ce pas une manière heureuse de montrer notre reconnaissance des bienfaits que leur Ordre répand partout où il passe, à la gloire de la religion et à l'honneur de notre cité ?

Nous ne pouvons mieux compléter notre travail qu'en reproduisant la lettre du vénéré directeur de l'œuvre des Ecoles d'Orient, insérée dernièrement dans la plupart des journaux conservateurs :

« Personne n'ignore les effroyables calamités qui, depuis quelques mois, ont bouleversé l'Egypte ! des villes florissantes bombardées et incendiées ; nos colons européens massacrés ou forcés de s'enfuir ; des ruines, de la disette, de la terreur, toutes les horreurs de la guerre ou du fanatisme ; voilà la situation générale.

« Au milieu de ces désastres que sont devenues les écoles catholiques et françaises, que nous soutenons avec bonheur de nos aumônes, où tant de bien se faisait depuis vingt ans, où tant de jeunes générations s'amélioraient, se transformaient au profit de la religion, à l'honneur de la France ?

« Hélas ! tout cela, à l'heure où j'écris, est détruit ! Maîtres et maîtresses ont été arrachés violemment à leur bienfaisant labeur. Ceux qui restent encore sont dans le plus affreux dénuement ! Voilà par conséquent plus de six mille jeunes garçons et jeunes filles subitement privés des bienfaits d'une éducation religieuse. Car tel est le nombre des enfants qui peuplaient les quarante établissements soutenus par les allocations de notre œuvre, depuis Alexandrie jusqu'au Caire et à la Haute-Egypte.

« Est-ce que nous ne ferons rien pour réparer tant de ruines ? Permettrons-nous que tous les sacrifices, faits jusqu'à ce jour par la charité, restent désormais inutiles ?

« Notre Saint-Père le Pape Léon XIII n'a pas pensé qu'il en pût être ainsi, car il vient de provoquer en faveur de l'Egypte une souscription à la tête de laquelle il s'est inscrit lui-même pour une somme généreuse, eu égard à l'immensité de ses charges et à l'insuffisance de ses ressources.

« L'Œuvre des Ecoles d'Orient obéit avec bonheur à ce mot d'ordre du chef suprême de l'Eglise. Ne manquerait-elle pas à la fois à ses antécédents et à cet esprit de charité *qui espère tout*, si elle n'osait pas faire en 1882, pour les malheurs de l'Egypte, ce qu'elle a fait en 1860 pour les malheurs du Liban?

« C'est pourquoi, malgré le surcroît de charges qui pèse en ce moment sur la charité française, nous croyons agir dans l'intérêt de la France, en faisant, en faveur de nos écoles d'Egypte, un chaleureux appel, non seulement aux associés de notre œuvre, mais à tous les hommes généreux, quels qu'ils soient, qui ont à cœur le soulagement des malheureux et l'honneur de la patrie.

« Toutes ces écoles d'Egypte qui, depuis bien des années, inspiraient à tant de jeunes gens l'amour de la religion et l'estime de la France, tous ces dispensaires et ces asiles que nos religieux et religieuses ne manquent jamais d'élever en Orient à côté de leurs écoles, — et où les malades sont soignés, les malheureux accueillis, — tous ces foyers de religion et de civilisation chrétiennes, la guerre les a ravagés ; mais bien que la paix ait succédé à la guerre, que de désastres à réparer, de ruines à relever, d'infortunes à secourir ! Ne ferons-nous donc rien pour nos malheureux frères d'Egypte ?... »

L'Œuvre des Ecoles d'Orient n'étant point aussi connue qu'elle le mérite, on nous saura gré d'en indiquer sommairement la raison d'être et les avantages.

Cette œuvre, solennellement approuvée par le Saint-Siège, a pour but d'entretenir et de multiplier en Orient les écoles, asiles, crèches, orphelinats, ouvroirs, patronages, pensionnats, collèges, noviciats, séminaires, refuges et communautés catholiques, avec les œuvres qui s'y rattachent naturellement.

Elle est placée sous la protection de la sainte Vierge et des Docteurs de l'Eglise orientale ; Saint Jean-Chrysostôme en est le patron principal.

Les membres de l'Œuvre sont invités à réciter tous les jours : 1° un *Ave Maria ;* 2° l'invocation : *Saint Jean Chrysostôme, priez pour nous.*

On est membre de l'Œuvre en donnant chaque année une aumône, si petite qu'elle soit.

Ordinairement l'aumône est d'un franc par an.

Toute souscription annuelle de dix francs donne droit à un exemplaire du Bulletin qui paraît tous les deux mois.

Plusieurs personnes donnant ensemble un total de dix francs par année, forment une décurie à la tête de laquelle est placé un *collecteur* ou *collectrice*, qui reçoit et fait circuler le Bulletin.

Chaque personne faisant une fondation en faveur de l'Œuvre, a part à une messe qui se dit tous les mois.

Les membres de l'Œuvre peuvent, d'après la concession du Souverain-Pontife, gagner une *indulgence plénière* aux grandes fêtes de l'année, le 27 janvier, fête de saint Jean Chrysostôme, patron de l'Œuvre, une fois chaque mois, au choix des associés, et à l'article de la mort.

Ces indulgences sont applicables aux âmes du Purgatoire.

Le Comité de l'Œuvre, à Angers, était dirigé autrefois par :

M. l'abbé Priou, ancien curé de Saint-Laud, nommé directeur honoraire ;

Mlle Elise Desmazières, nommée présidente honoraire ;

Mme la marquise de Villoutreys, de vénérée mémoire, vice-présidente.

Le Comité actuel se compose de :

Mgr Maricourt, directeur, à l'Evêché ;

Mme El. Lachèse, présidente, rue des Lices, 22 ;

Mme Dély, vice-présidente, rue Saint-Denis, 4 ;

Mme Adrien Lepage, trésorière, rue du Faubourg-Bressigny, 98 ;

Mme Pierre Richou, secrétaire, rue Saint-Joseph, 9 ;

Mme Lelong, vice-secrétaire, rue Desjardins, 9.

Les personnes qui désireraient s'associer à l'Œuvre des Écoles d'Orient, ou prendre part aux frais du retour en Égypte des Sœurs du Bon-Pasteur, sont priées de remettre leur offrande à l'une des Dames désignées ci-dessus.

Plaise à Dieu que l'admirable dévouement de nos religieuses touche les cœurs au point de fournir aux pieuses et courageuses exilées, des ressources pour leur rapatriement et la continuation de leur apostolat ! C'est le vœu de tous ceux qui se souviennent de cette exhortation suprême :

« En prêtant aux travaux des Missionnaires un concours efficace, vous vous appropriez une grande partie de leur mérite. »

(Bref de Sa Sainteté Pie IX, du 15 mai 1876, aux Missions Catholiques.)

Angers, 10 novembre 1882.

ANGERS, IMPRIMERIE LACHÈSE ET DOLBEAU

POST-SCRIPTUM

La dernière feuille de cette brochure était sous presse lorsqu'une lettre, datée du 6 novembre, nous est arrivée du Caire.

La R. Mère Sainte-Mathilde nous écrit que, ne pouvant attendre longtemps la réponse à la demande de rapatriement adressée au Ministère, elle était partie de Marseille avec neuf de ses sœurs, sur un bateau des Messageries.

La légèreté de la bourse des pauvres religieuses les confina aux quatrièmes places, sur le pont, où elles restèrent « jusqu'à minuit, cachées dans des châles que des « passagers charitables nous avaient prêtés. Le capitaine, « nous prenant en pitié, nous fit entrer dans le couloir « près de la machine. C'est là que nous avons passé les « nuits, qui sur des bancs, qui sur des chaises, les autres « par terre. Quant aux repas, nous les avons pris sur le « pont, à découvert, près de la cuisine. Heureusement la « mer était très calme. Le bon Dieu savait bien que nous « n'avions ni cabines, ni couchettes. Pendant six jours « nous ne nous sommes pas déshabillées, et pour nous « laver, nous versions un peu d'eau dans le coin de nos « mouchoirs... »

La pensée de revoir bientôt leurs chères fondations égayait les petites misères des voyageuses, et la joie de leur cœur fut bien justifiée par l'accueil qui les attendait au but de leur itinéraire.

Bien leur prit, à leur arrivée au Caire, de ne pouvoir, par économie, monter en voiture, à la sortie de la gare, située fort loin de leur maison d'école.

« En descendant du train, nous vîmes que tout le monde

6

« se réjouissait de notre retour ; même les personnes qui
« ne nous connaissaient pas, s'approchaient pour nous
« témoigner leur contentement, et criaient, toujours en fran-
« çais, bien que de diverses nationalités : « Bonjour, mes
« sœurs. » Trompés par nos manteaux de voyage (noirs),
« quelques-uns se disaient : « Mais sont-ce bien elles ? » Les
« indigènes, les Européens, accouraient des rues voisines
« de notre trajet ou du fond des magasins, en criant : voilà
« les Sœurs, voilà les Françaises, et même les graves mu-
« sulmans, qui fumaient devant les cafés, se levaient pour
« nous saluer et nous dire : « Soyez les bien venues. »

« En traversant les rues, nous avons été surprises de
« l'ordre qui règne actuellement dans la grande ville.
« Autrefois à minuit, c'était le même tumulte qu'en plein
« jour ; mais maintenant, passé dix heures, il faut que les
« Arabes rentrent chez eux. Plus de bruit ; magasins fer-
« més ; parfaite tranquillité. On ne rencontre plus que de
« rares Européens et des patrouilles de soldats anglais.
« Sans doute on doit savoir gré aux nouveaux maîtres de
« l'Égypte de la sécurité dont jouissent les habitants du
« Caire ; mais ce n'est pas sans un grand serrement de nos
« cœurs de Françaises que nous avons vu, peint sur les
« murs des places principales, le drapeau anglais, avec
« cette légende : *Le soleil ne se couche jamais où flotte le pavil-*
« *lon anglais.*

« Nos deux maisons de la ville et de Choubrah, remises,
« lors de notre départ, à la grâce de Dieu, n'ont pas été
« envahies. Ce que le Seigneur garde est bien gardé. A
« peine arrivées, nous avons vu se présenter en foule nos
« chères enfants conduites par leurs mères qui, les unes
« comme les autres, pleuraient du bonheur de nous revoir,
« n'osant plus guère espérer notre retour, assuraient-elles,
« après les dangers que nous avions courus.

« Nous avons été réunies dans notre maison de la ville
« jusqu'au 4 novembre. Six restèrent à l'école primaire et

« les six autres se rendirent à notre pensionnat de Chou-
« brah, où nous attendons nos sœurs avec une vive impa-
« tience, car nos élèves rentrent successivement, et nous
« en annoncent de nouvelles. La tâche abonde, et déjà nous
« sommes à bout de forces, tant nous avons trouvé de tra-
« vail de toute sorte.

« Notre petite colonie ne se compose encore que de
« douze religieuses, les neuf venues avec moi et deux
« sœurs tourières restées à l'hôpital pour soigner nos
« vieilles pensionnaires ; naguère nous étions soixante,
« nombre à peine suffisant pour l'entretien de nos deux
« grands établissements. Jugez de nos embarras. Espérons
« que le gouvernement, dont les agents nous ont obligées
« à quitter l'Égypte, voudra bien accorder le moyen d'y
« rentrer au reste de notre compagnie. Nous avons ici
« grand besoin de nos chères sœurs pour nous seconder
« dans nos travaux, pour ouvrir nos classes à tous les
« enfants pauvres qui nous implorent et que nous sommes
« obligées de refuser, faute de maîtresses et de ressources
« pour subvenir à leurs besoins... »

Que pouvons-nous ajouter à ces paroles ? Rien, sinon
répéter une promesse bien souvent affirmée, en matière de
charité, par de plus dignes, mais jamais avec plus d'à propos : ce que vous donnerez à nos compatriotes, aux religieuses du Bon-Pasteur, pour venir à l'aide de leur sublime
mission, vous le prêterez à Dieu.

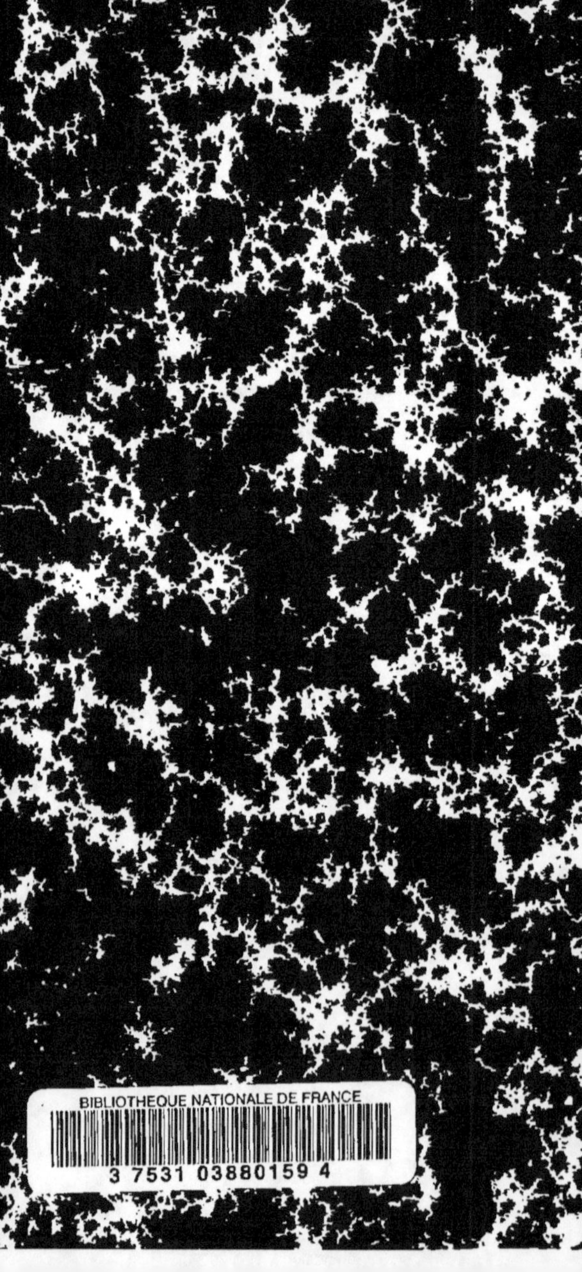